2025
蛇年開財運賺大錢

奇門遁甲易經論股鎖定最佳獲利點，
奇門基因風水造吉財運滾滾來

陶文——著

【自序】
珍惜宇宙的安排，
掌握住「變」的能量訊息

幸福是一種選擇，但從來就不是自然產生的人生結果。

生命是一段可以計畫的旅程，人生的旅程可以自己安排。

命運真的可以掌握在自己的手中，只不過，必須隨時為自己布局人生好風水。

宇宙生命的美好與精彩就在於成長式的蛻變，而乙巳蛇年太歲的亮點，也在於「發生」、「茁壯」和「蛻變」。

世紀行星冥王星進入寶瓶座，「九紫離運」進入第二年，這些革命性改變的訊息發生了，脫胎換骨與金蟬脫殼成為了宇宙給我們的饋贈。珍惜宇宙的安排，掌握住「變」的能量訊息，再為自己解答下列的問題。

如果生命有機會蛻變，你會想如何蛻變？

如果生命有機會改變，你想改變生命中的哪個部份？或改變成為什麼樣的人？

如果生命有機會轉變，你想轉變成什麼樣的生活態樣？

如果改變成能夠擁有屬於自己生命價值的人，你會想要嗎？

找到了答案，就會找到可以興旺19年的新能量。而許多蛻變的絕佳策略，盡在《2025蛇年開財運賺大錢》開運祕笈中。

陶文祝福
蛇年開財運賺大錢

目錄

【自序】珍惜宇宙的安排,掌握住「變」的能量訊息 002

Chapter 1 / 新春開財運行事曆

新春奇門基因,造吉開運 008

新春開運祕笈 014

節慶求好運 028

Chapter 2 / 奇門遁甲易經論股

【國運經濟與台股趨勢】太歲星創造能量強,為世界帶來了「改變」

電子股趨勢 短線反覆運作,財利豐碩可期 053

金融股趨勢 消費性金融股值得關注,財利以夏季較旺 ... 054

營建股和房市趨勢 房市買氣旺盛,下跌空間有限 055

生技股趨勢 逢低布局題材股,第二季有機會承接加碼 ... 056

傳產股趨勢 傳產業的春天第二季發酵,見好便收 057

【放眼國際】地緣政治將是影響國際經濟的重要因素

國際股市分析　美國、歐洲、中國・・・・・・・・・・・・・・・061

原物料布局　黃金、石油、原物料・・・・・・・・・・・・・・・067

匯率走勢　美元、歐元、人民幣、台幣・・・・・・・・・・・・・071

Chapter 3 / 奇門基因風水

【奇門基因風水總論】九紫運第二年，需要強而有力的風水布局

正北方　擺放陰陽水，化小人為貴人・・・・・・・・・・・・・・078

西南方　擺放黃金福祿聚寶盆，提升財富能量・・・・・・・・・・080

正東方　點官貴燈，營造龍穴氣場・・・・・・・・・・・・・・・082

東南方　擺放橄欖石，招賢納士提升事業運・・・・・・・・・・・084

中宮方　擺放黃金聚寶盆，旺財富化煞為權・・・・・・・・・・・086

西北方　擺放文昌燈，化劫財為生財・・・・・・・・・・・・・・088

正西方　特製開運小羅盤，化解歲絕與官符・・・・・・・・・・・090

東北方　白色彌勒佛，保平安化煞為權・・・・・・・・・・・・・092

正南方　配戴紫水晶，招財迎貴人・・・・・・・・・・・・・・・094

Chapter 4 / 奇門基因12生肖

【生肖運勢總論】2025乙巳蛇年布好風水局，要財有財，要名有名

鼠　強化文昌星氣勢，籌組事業團隊‥‥‥‥‥‥100

牛　執行流年旺運策略，整理再出發‥‥‥‥‥‥110

虎　行動力強大，機會出現積極掌握‥‥‥‥‥‥120

兔　事業有成的流年，值得努力‥‥‥‥‥‥‥‥130

龍　動起來，安排正向有益的學習‥‥‥‥‥‥‥140

蛇　安太歲，謙虛學習以退為進‥‥‥‥‥‥‥‥150

馬　謹慎理財，化劫財為生財‥‥‥‥‥‥‥‥‥160

羊　富貴逼人，幸福如影隨形‥‥‥‥‥‥‥‥‥170

猴　官印相生，壯大強勢名利雙收‥‥‥‥‥‥‥180

雞　轉化能量磁場，啟動旺運勢‥‥‥‥‥‥‥‥190

狗　啟動行動力，引動企圖心‥‥‥‥‥‥‥‥‥200

豬　安太歲，羽化成最好的自己‥‥‥‥‥‥‥‥210

Chapter 5 / 陶文東方古星座

【星座運勢總論】鳳凰涅槃，整個世界蛻變的開始

白羊座　謹言慎行，一動不如一靜 224

金牛座　創造生命價值，勇敢出擊的流年 228

雙子座　妥善管理情緒，放下自我意識 232

巨蟹座　順應潮流，啟動新的生命型態 236

獅子座　勇敢蛻變，掌握機會心想事成 240

雙女座　執行廣結善緣，積累貴人 244

天秤座　幸運的流年，值得放手一搏 248

天蠍座　不斷學習，珍惜蛻變的機會 252

人馬座　反觀自省，調整後再出發 256

山羊座　順勢而為，機會出現就該掌握 260

寶瓶座　天助自助，壓力是成長的原動力 264

雙魚座　事業運理想，值得放手打拼 268

新春開財運行事曆

乙巳年

新春奇門基因，
造吉開運

在天為龍，在地為小龍。即便是小龍同樣具有「神龍見首不見尾」的特質，而小龍的變化恐怕會更難掌握，只因為在乙巳太歲的五行結構中，氣勢最明顯的就是「動」，包括行動與開創，而值得注意的是，此種「動」所隱藏的是一種「金蟬脫殼」式的「質變」，甚至到「裂變」的能量。掌握住了，你就是贏家。

無獨有偶的是，此種變數同時也出現在乙巳年的「天星」結構中，2025年這一年幾乎所有的「重量級行星」都出現「過宮」現象。首先，冥王星正式進入寶瓶座，這一待就是20年，而寶瓶座就是以「改革」為主要特質的星座。其次海王星在3月30日進入白羊，然後木星在6月10日進入巨蟹，以及土星在5月25日進入白羊，接下來天王星在7月7日進入雙子，這幾顆星曜都在寶瓶、雙魚、白羊、巨蟹和雙子之間移動，從內意識到外顯示，這是一種生命從內到外翻轉的寫照。

元運的「動」與「變」更是明顯，「九紫離運」的「離火」就是一種「淬鍊」的寫照，並且是徹頭徹尾改革式的「淬鍊」，接下來社會秩序、文化內涵、生活模式、商務型態，都將因為高科技的影響，而出現系統式的變革。乙巳蛇年是「九紫離運」的第二年，「離火」特質將在乙巳太歲的「巳火」淋漓盡致地發揮。從這些值此整體宇宙都在變動乙巳蛇年，真正的開運智慧就不在於「以不變應萬變」了，

這個時候最需要的反而是「順時而變」與「順勢而變」。再從2025乙巳本身就是「驛馬太歲」的角度觀察，發覺乙巳年的「變」肯定會架構在急速型的大行動上。因此只要掌握好了，也給予適當的運作，乙巳這隻小龍變化的層級，絕對會強過於甲辰年的大龍。

你準備好了嗎？讓我們一起展開改造生命之旅的序幕。

不過還是需要提醒的是，換個角度觀察乙巳太歲的五行結構，發覺「有財無庫」是最容易被忽視的現象。就秒懂的財經角度白話地來說，那就是有很多賺錢的機會，也容易賺到預期中的財富，但卻不容易將賺到的錢保留或存下來。而同樣的情況也將會出現在事務的運作上，那就是雖然開創式的行動力超級明顯，代表太歲星提供了很多能量和機會，同時也提供了企圖心與設定目標的能力，但由於將成就保留並獲得彰顯的「成就星」處於隱匿狀態，因此在積極地「順時而變」與「順勢而變」之際，給予相對的計畫與節奏，讓「金蟬脫殼」與「羽化成蝶」的美麗發生在我們的運勢上。至於詳細作法與趨吉避凶，請耐心地仔細看下去。

乙巳蛇年奇門基因風水方位旺運祕訣

太歲方：（也是桃花位、歲煞方、病符位、月德貴人）

有道是「太歲可坐不可向」，說的是「太歲星」的尊貴，「太歲星」是該年當家作主的君王何等尊貴與神聖。因此和「太歲星」一樣的生肖等於冒犯了「太歲星」必須安太歲，就像乙巳年的蛇。不過有趣的是，既然和「太歲星」同一掛，那麼蛇的氣勢自然就和「太歲星」一樣的旺，一樣的尊貴神聖，安太歲只不過是向「太歲星」打聲

招呼,請「太歲星」多包涵。

同樣地,乙巳年的「太歲位」在東南方,因此東南方就成為了「太歲星」的專屬位,雖然絕對不可動土破土,但肯定可以安排為自己的位置,因為「坐太歲」就等於藉助了「太歲星」的氣勢,如君臨天下一般,前輩們的「太歲可坐不可向」這句話,說得太真了,掌握此處想不牛都難。

不過想要「坐太歲」還是需要有底氣,否則就算坐了,也會因為無法承擔而遭到反噬。首先,「太歲位」需要到位的風水布局(這個部份請參考「奇門基因風水」東南方布局的文章),而此篇的「布太歲局」指的是「合太歲」,將太歲星的氣勢合住了,再轉化成我們要用的能量與氣運。最簡單的「合太歲」就在居家和辦公室的東南方,擺放「歲合星」來合太歲,乙巳年的「歲合星」是「申」,也是十二生肖的猴子,因此在居家和辦公室的東南方擺放一個猴子造型的雕飾或懸掛圖畫。可以在猴子的旁邊擺放「金元寶」或本書附贈陶文老師開光的「財富無限放大開運錢母」,代表的是「猴(予)你發財」。以及在猴子的身上或額頭貼上一個碎鑽,代表「猴(予)你賺錢」,貼在「眉心」代表開了「第三眼」,專門找到賺錢機會的火眼金睛。

由於乙巳年的東南方也是「桃花位」,因此擺放花卉,如紫色蝴蝶蘭代表「福氣來」,插「黃金百合」則代表旺貴人人緣。至於「歲煞位」需要布局「金」的元素來紓解,因此「合太歲」的猴子雕飾其材質最好是金屬、銅、白水晶、白瑪瑙、白銀或黃金,請參考「歲煞方」布局。

由於「九星風水」的「一白貪狼星」飛臨此方,構築出「一四同宮,準發科甲」的吉兆,因此擺放內置硬幣與「開運錢母」的「黃金福祿聚寶盆」,不但可「化煞為權」,同時有旺財富的神效。當然可

以同時擺放「水晶琉璃雙鰲護寶神龍穴」，聚財、化煞、提升人緣一次到位。

至於，布局與擺放時間請參考本書中「新春開運祕笈」的部份。

歲煞方：（也是太歲位、桃花位、病符位）

「歲煞星」是顆極其凶厄的星曜，由於是匯聚三方四正晦氣的地方，因此是流年風水布局中，最需要布完整性化煞風水局的地方。2025乙巳蛇年的「歲煞位」在東南方，這個位置同時也是「太歲方」，因此今年「歲煞位」的凶厄氣息將會比任何一年更強、更可怕。在上一則「太歲方」的文字裡，強調「太歲可坐不可向」，但先決條件是必須先將「歲煞星」的凶厄煞氣化解。

「歲煞星」的五行屬土，而牠們的位置都是在「廿四山」的四個角落，比如東南、西南、西北和東北，因此才會有人說「屋宅的四個角落，都是晦氣聚集的煞氣位」，最需要擺放化解煞氣的幸運物。由於「歲煞星」的五行屬土，因此五行「金」是最好的化煞元素，以紓解的方式布局，而「合太歲」的猴子雕飾其材質最好是金屬、銅、白水晶、白瑪瑙、白銀或黃金。而如上則所述：擺放內置硬幣與「開運錢母」的「黃金福祿聚寶盆」，不但可「化煞為權」，同時有旺財富的神效。當然可以同時擺放「水晶琉璃雙鰲護寶神龍穴」，聚財、化煞、提升人緣一次到位。

一旦這些既尊貴又具有化煞神效的擺件就定位，東南方的「坐太歲」才容易得到「太歲星」純正而有勁的保護。值得一提的是，正因為「太歲星」與「歲煞星」處於同一個宮位上，因此唯有主管、企業家、政治人物、公職，才能夠將之做為座位或房間。年長、體弱的家人，最好避開這個位置。再值得提醒的是，「歲煞方」不但不可

動土、破土與大型的修造工程，入宅、安神位、先人奉厝，也都需要避開這位置，如果非安不可則需要採用「浮爐」的方式，亦即香爐的底下擺放「大箔刈金」（不是圓盤），到年底清魨的時候再將刈金拿走。不過由於安「浮爐」的爭議頗大，如果可以還是緩一緩的好。

歲破方：（也是驛馬位）

「歲破」就是「沖太歲」。因此沖太歲的方位，就是「歲破方」。

乙巳蛇年的「太歲星」在東南方「巳辰次」的位置，於是180度的西北方就是「歲破方」，而精準一點「亥」就是「歲破位」。就「太歲可坐不可向」說法，將座位安在和「太歲星」同方向的「坐太歲」可，與「太歲星」對峙的西北方就成為了沖太歲的「歲破方」則萬萬不可。有道「太歲頭上不可動土」，事實上「歲破方」也是不宜動土、破土。

西北方的「亥辰次」是乙巳年的驛馬位，因此居家或辦公室的西北方，更需要布「化煞為權」與「化破為祥」的風水局，以免出現「車關」與「劫財」的災厄。此種現象尤以從事海外投資、物流業者與交通事業為甚。

化解方式還是需要從「合太歲」做起，亦即在東南方擺放猴子造型的雕飾，材質以金屬為佳。在西北方則擺放白色的海鹽山，以及內含密法的特殊「小羅盤」，用來運轉災厄，化煞為權，化破為祥。

溫馨提醒的是，重要的工作室、操盤室、主管和主事者的辦公室（座位），最好避開「歲破方」。

文昌位：

　　文昌星一般人都認為是學生的守護神，文昌位的布局是為了子女的讀書運。事實上，文昌星主管的不只是科甲，還有人緣、創作、投資求財，只因為文昌星是科甲神，更是財神爺，主管的是「智慧財」、「業務財」、「創作財」與「人緣財」。

　　每一年的文昌位都不相同，而由於所飛臨的地方不同，文昌星的神力也大不相同，因此所需要的布局策略，也截然不同。大部分來說，文昌星喜歡乾淨、明亮與芬芳，因此文昌位務必保持窗明几淨。花卉是文昌星的最愛，尤其是帶有香味的花卉，對於留住文昌星與提升文昌星神力，具有肯定的效果。

　　流年文昌星有兩種，一種是「九星風水」中的「四綠文昌星」，另一種就是「太歲星」的「文昌星」，今年太歲干支是乙巳，因此「太歲文昌位」在正南方與九紫元運的文昌位不謀而合，如此這般的重疊自然將文昌星的神力倍增。因此正南方的布局營造肯定不只是人緣與財源，還有功名利祿。

　　而最為理想的開運策略，就是遵循《天玉經》所說的「午山午向午來堂，大將值邊疆」，亦即運用文昌星的最愛香氛，從屋宅的中央開始噴灑，接著正南方是重點，然後是西北方，最後是正東方，時間最好是每日的龍時（辰時）。

　　好運能量將會隨著時間積累，如此一來旺家、旺宅、旺財、旺事業，最重要的是富貴並臨，以及有機會出將相之後。

新春開運祕笈

步驟①除殘：（接「天心」開運法）

人生最重要的不是握了一手好牌，而是怎樣去打好一手爛牌。是的，成功的最高境界就是懂得汰弱換強與除舊布新。事實上，這是自然生態中的循環，身體的健康需要新陳代謝，生活也是如此，舊的不去，新的不來。

在風水布局中也是如此，在策劃趨吉之前，最好先規劃如何避凶，檢測風險與凶厄存在的地方，當負能量消弭了，正能量才容易快速的出現。而在迎接新年新希望的時候更是如此，將居家和辦公室整體清掃一番，再將家具或擺件重新布置，如此一來，不但迎來新的感覺，同時也將一整年積累的塵汙清除。

「除殘」是古老的說法，其實就是「大掃除」。台灣諺語「大拼厝，才會大富貴」，指的就是除舊布新式的「除殘」。既然是這麼重要的清除工作，自然是要選擇具有幫助徹底清除的日辰。吉利的事務需要選擇吉日，但清除的事務則以「破日」和「除日」為佳。唯有徹底清除後，才能夠騰出迎接新能量的空間，而接下來的「接天心」才有機會充分落實。

2025年雖然是「九離運」的第二年，但由於太歲五行氣息才剛剛接收到「九離運」的訊息，換言之「九離運」的強大氣勢在乙巳蛇年才真正展開。因此這個時候的開運布局一定要到位，「除殘」也是如此。「十二建除日」中的「破日」和「除日」，是最為理想的選擇，

當然要再加上「奇門遁甲」的「休門」，則才能真正「除去塵埃」，開啟新好磁場。

然而甲辰年底的現象十分特殊，除了1月26日（臘月廿七日）星期日是「破日」之外，其他的「破日」和「除日」都出現在非假日，為了顧及讀者們的不便，陶文老師特別選了吉日，搭配奇門遁甲的休門除舊布新。

溫馨提醒：大掃除就像開工，選對吉日開始進行，就可以在往後的日子裡逐步完成，重點在於啟動的日子和時辰。因此讀者們可以在「除日」和「破日」的早晨龍時（辰時，逢龍則化），先進行大掃除開工動作，後續的落實就隨心所欲了。

絕佳「除殘」日期分別如下：

1. **陽曆1月14日星期二（臘月十五日）破日。**
   (1) 時間：「辰時」（7點至9點），逢龍則化，方位從「正西方」開始。（日刑時，以厄除厄。）
   (2) 時間：「午時」（11點至13點），從「西北方」開始。（六合時，合財祿，送窮迎富。）

2. **陽曆1月18日星期六（臘月十九日），雖然不是「除日」，也不是「破日，而是「開日」。因為星期六，只要用「日破時」，其除舊布新的效果依舊強大。**
   (1) 時間：「辰時」（7點至9點），逢龍則化，方位從「正北方」開始。
   (2) 時間：「巳時」為佳（9點至11點）。方位從「東北方」開始。

3. **陽曆1月21日星期二（臘月廿二日），「除日」。**
   (1) 時間：「辰時」（7點至9點），逢龍則化，方位從「東南方」開始。

(2)時間:「申時」(15點至17點),方位從「正北方」開始。

4. 陽曆1月25日星期六(臘月廿六日)。這一天不是「除日」,也不是「破日」,而是「執日」,宜運用龍時,讓除舊布新的效果可以依舊強大。

(1)時間:「辰時」(7點至9點),逢龍則化,方位從「正南方」開始。

(2)時間:「未時」(13點至15點),方位從「西北方」開始。

5. 陽曆1月26日星期日(臘月廿七日),「破日」。

(1)時間:「辰時」(7點至9點),逢龍則化,方位從「西南方」開始。

(2)時間:「午時」(11點至13點),方位從「西北方」開始。

6. 陽曆1月27日星期一(臘月廿八日)。這一天不是「除日」,也不是「破日」,而是「危日」,運用龍時,可以讓除舊布新的效果強大。

(1)時間:「辰時」(7點至9點),逢龍則化,方位從「西南方」開始。

(2)時間:「午時」(11點至13點),方位從「正北方」開始。

溫馨提醒:有道是「人生是拼圖,而不是藍圖,唯有捨去不要的,擬定想要的人生全貌,就有機會拼出自己想要的人生拼圖」,這是一則書摘的文字,值得吾人深省。而每年一次的「除殘」,就是想拼出人生全貌的重要一環,唯有捨去不該留戀的,才有機會迎接新的圖片。

以上這些時間,雖然宜以「破日」和「除日」為最先選擇,然而其他日辰若不是旺財,就是旺事業,以及旺家運,同樣可以取用,不過還是以龍時(辰時)為優先選擇。

步驟②送神：

送神就是恭送家中祭拜的神明回返天庭述職，早期的「送神」，指的是送「灶神」。在臘月廿四日將「灶神」送上天述職，時代變遷現在的「送神」成為了「送百神上天」。其實，有安太歲的人，也需要到廟宇「謝太歲」。

「送神早，接神晚」因此習俗上的送神日與時間，通常會在臘月廿四日的清晨，甚至於「早子時」（0點至1點）。因為送了神，才方便百無禁忌執行清掃事務。「送神」儀式需要準備鮮花、發糕（蛋糕）、糖果（麥芽糖最好）、牛軋糖（圓形為佳，財源廣進），拜拜金紙可請教金紙店老闆，不過請務必另外添購「天馬金」和「甲馬」，為神明備妥交通工具以便「送佛送上天」。

吉利時間：

1. 日期：陽曆1月23日星期四，陰曆臘月廿四日。
   時間：除了子時（0點18分），還有卯時（5點至7點）。
2. 日期：陽曆1月25日星期六，陰曆臘月廿六日。
   時間：除了巳時（9點至11點），還有未時（13點至15點）。

溫馨提醒（謝太歲）：謝太歲也是重要的送神，前往當初安太歲的廟宇「謝太歲」，感謝「太歲星」一年來的照顧，並且在廟宇進行「送太歲」的儀式（或在居家附近廟宇也可以）。

吉利時間：

1. 日期：陽曆1月23日星期四，陰曆臘月廿四日。
   時間：辰時（7點至9點），申時（15點至17點）。
2. 日期：陽曆1月25日星期六，陰曆臘月廿六日。
   時間：辰時（7點至9點），申時（15點至17點）。

3. 日期：陽曆1月28日星期二，陰曆臘月廿九日。

時間：辰時（7點至9點），申時（15點至17點）。

步驟③清黹：

送神之後才可以清黹。

將神龕上神明與祖先的香爐請下，佛龕清掃一番，再將香爐內的香灰用磁湯匙掏出，千萬不可將香爐倒扣，「倒爐」代表的就是「傾家蕩產」。

篩掉香腳殘渣，留下三分之一舊的香灰，篩過後再加上新的香灰。溫馨提醒，過程中香火不能熄滅，因此建議最好使用環香。

壓寶招好運：在傳統上是壓「五寶」，現代則在香爐底下放十二枚硬幣（幣值依香爐大小而定），一正一反緊密排列，代表四季進財，月月平安，日日興旺，八方迎貴，招財納福，因此稱之為「壓寶」。（可在爐底錢幣的中央位置，擺放經過奇門遁甲開光的「黃金虎眼一葉致富石」，讓家運欣欣向榮，健康、事業、財富、人丁……皆如綠葉生氣盎然，更詳細可聯繫陶文老師。）

至於公職或主管級家庭，則擺放「和闐玉墨翠黃金回頭祿」，旺事業運，名利雙收。

溫馨提醒：祖先香爐內不宜壓寶，更不可擺放任何物件。

吉利時間：廿四日送了神即可開始，不過還是要挑選旺財、旺事業的吉利日辰。

1. 日期：1月25日星期六（臘月廿六日）。

時間：辰時（7點至9點），還有未時（13點至15點）。

2. 日期：1月27日星期一（臘月廿八日）。

　　　　時間：辰時（7點至9點），還有巳時（9點至11點）。
3. 日期：1月28日星期二（臘月廿九日）除夕。
　　　　時間：辰時（7點至9點）、巳時（9點至11點），還有午時（11點至13點）。

步驟④照虛耗：（暖歲與續旺氣）

　　「除夜明燈床下，謂之照虛脫」《朝淳歲時記》如此記載。這就是所謂的「照虛耗」。不過也有人這麼說，古時候是為了不讓耗子偷吃過年的食物，因此燈火通明，後來發現這樣做可以讓家宅運氣更好。

　　除夕夜當天開始一直到年初五，家中各處都要維持燈火通明狀態，日夜都如此，除了因為財神不入穢門，喜歡選擇明亮之宅外，也有「暖歲」與「續旺氣」的神效。

　　這是新舊年交接的重要日辰，為了讓好運勢無縫接軌，「照虛耗」真正的目的在於將甲辰龍年的旺氣保留下來，提升迎接充滿機會的乙巳蛇年的旺運籌碼。只因為乙巳蛇年雖然「九紫離運」的第二年，但卻是將「九紫離運」的氣息真正發揮的開始年。於是，「照虛耗」也成為了迎接，並啟動未來19年好運的重頭大戲。

　　除夕夜將居家和辦公室（如果可以）所有的燈都點亮，包括陽台、廁所、儲藏室、地下室，所有的燈都點亮，並且一直維持到大年初五，初六天亮再關閉，但還是要在客廳（中宮）與玄關保留一盞燈，那就是可以旺一整年，一整個元運的「旺宅長明燈」。（臥室的燈，在睡覺時候只保留夜燈與踢腳燈即可，以免影響了睡眠）。

　　另外，在點亮所有電燈的同時，將帶有「祝福」和「加持」的「香氛」噴灑在各個角落，讓整個空間充滿「福祿壽喜財」五福臨門的氣

息，2025乙巳蛇年想不旺都難。

步驟⑤接財神：
（三元吉時奇門遁甲「接天心」密法）

　　新年新希望，新年新氣象。迎接新好運氣，一整年的新好運勢，「九紫離運」的後續元運大旺氣，就從第一個時間開始。

　　「接天心」原來是「三元風水」學術中，對於「元運」交替的時候要執行的重要大儀式，除了有「續旺氣」的意涵，還有迎接新氣象的用意。除夕夜0點和初一交接的關鍵一刻，接了「天心」就是「金蟬脫殼」和「出蛹成蝶」的開始。因此這一年的「接天心」一定要虔誠、認真、用力、用心地執行。

　　每一年的除夕晚上和正月初一日交替的時間，就是所謂的「三元及第」的時間，那就是一天的開始，一個月的開始，一年的開始。而「元」代表「好的開始」，除夕晚上0點整，是一年、一月、一日的開始，也是專家高人所說的「三元及第」大吉時，「三元」指的是「歲之元，月之元，日之元」。2025乙巳蛇年雖然是「九紫離運」的第二年，卻是真正啟動「九運」離卦氣息的一年，因此今年的「接天心」，還是有機會迎接到「四元」旺氣。

　　「三元吉時」同時也是接財神的時刻，迎接元運氣場達到旺運、旺財、旺宅的吉象。如果居住的地方允許，非常建議在除夕夜跨年之際，在大門外燃放鞭炮，則更有催旺發達之功。面對這新春期間最重要的活動，不管你人在哪裡，家中、外地都要執行，因為可以啟動一整年好運氣。

　　「三元及第」在古時候是指連續考中鄉試、會試、殿試且第一名

的人,被稱為「連中三元」。而現代人的「三元及第」是指好事接二連三,好運旺旺來。

就在此「三元吉時」在家門口、前陽台雙手合十握住「三元及第紫水晶福豆」默拜(面向正東方為佳),誠心祈禱,迎接財神入宅,有點香就將香插在屋宅的財庫位或佛龕香爐,同時在神龕前拜拜接財神可旺財富,發事業。

家中沒有安神位者,雙手合十握住「三元及第紫水晶福豆」默拜即可,對於甲辰年運勢不理想,希望可以「金蟬脫殼」,或是希望好運可以再往上突破,好上加好的人來說,最好同時握住「白玉蟬」,祈求「脫胎換骨」、「一鳴驚人」,甚至於「腰纏萬貫」。

各方位屋宅的財庫位如下:
坐西北向東南 →(東北方)　　坐北向南 →(西南方)
坐東北向西南 →(西北方)　　坐東向西 →(北　方)
坐東南向西北 →(西南方)　　坐南向北 →(西　方)
坐西南向東北 →(東南方)　　坐西向東 →(北　方)

步驟⑥元旦焚香開門出行:

焚香開門:亦即「開財門」,其實在除夕夜24點(正月初一日0點)的「三元吉時」的放鞭炮許願就已經執行。

走春:大年初一第一次出門就是「出行」,也稱為「走春」,亦即「走喜神方」。務必運用「奇門遁甲」時空並用的旺運策略,出門迎接與開創最好的吉氣,讓新的一年好運連連。台灣諺語:「走春,走春,愈走愈春。」其中的「春」有「儲存」、「圓滿」、「豐盈」

和「順心如意」的意涵。

2025乙巳蛇年的大年初一是「戊戌日」，由於還未「立春」，因此日辰盤的排列為「甲辰年、丁丑月、戊戌日」，這是個「土氣」最重的年初一，也是百年難得一見的年初一，因此千萬要避開「未時」，以免造成「四庫全」的「土土土」現象。

這個時候大年初一的「走春」學問就大了，這一年的「出行」與往年不同，雖然「土氣」但只要運用得當，「土氣」反而是「穩步趨堅」的重要元素。「金氣」是絕佳「化土氣為財氣」的元素，因此大年初一最好的穿著是白色＋紫色，金色（帝王黃）＋白色，穿金戴銀＋白色珮飾，這就是為什麼《2025蛇年開財運賺大錢》的封面會用「帝王黃」（黃金色）的原因，希望成為好友們護持一整年的聖品，擺在玄關引進旺氣與財氣，擺在明財位旺財富，擺在官祿位旺事業，擺在文昌位子女學業順利等。大年初一隨身攜帶，更是成為啟動一整年旺運的聖經。

焚香關門：取酉時（福祿與財源生財祿時）拜拜關門，是為了將已經接收的好運、旺運與財富，收藏在家宅中，享用一整年。

出行、走春：大年初一的第一趟出門，亦稱為「走春」、「走喜神方」或「行大運」，至少走365步以上，代表好運一整年。逢人道恭喜，大年初一得到路人的恭喜回應，代表貴人充滿，具有「心想事成，旺財旺運」的吉利之應。此法十分應驗，想好運旺旺來就一定要執行。

根據農民曆的記載，乙巳蛇年奇門遁甲年盤中的「三吉門」，開門在正東方，休門在東南方，生門在正南方。

出行吉時和方位：

1. 卯時（5點15分～6點45分）六合官祿與福祿時：

方位： 正東方是「開門」，也是太歲的「開門方」，又是九星「吉慶喜神方」，此方出行代表事業貴人明顯，大利家運與健康，財運興盛繁榮，創業與準備轉型者的絕佳時辰。向正東方行走大約365步之後，轉往東南方和正南方，迎接「歲祿星」讓宅運、財運與事業運旺盛一整年。

溫馨提醒： 先在家中執行《天玉經》的「午山午向午來堂，大將值邊疆」策略，再出行，旺氣可望和家宅旺氣產生共鳴。（《天玉經》密法細節，請閱讀奇門基因風水篇。）

2. **辰時（7點15分～8點45分）日時相沖時，鬆動土氣的時辰：**

    方位： 西北方「休門」，也是太歲的「景門方」，更是「月德貴人」、「歲祿合」與「紅鸞吉星」，是絕佳的「送窮」、「迎富」吉時。向正西方行走大約365步之後，轉往西北方，迎接太歲「月德吉星」轉化運勢。

    溫馨提醒： 這個時間適合甲辰年受到了委屈，或是希望調整生命磁場，健康、財運、家運、事業運、官司、口舌、小人、劫財的人，可望獲得轉化。

    由於是辰時和戌日的「土土相沖」，具有開啟瓶頸的意涵，因此即便一般人都可以使用，可以調整想像不到的負能量。

3. **巳時（9點15分～10點45分）日祿、福祿與文昌人緣時：**

    方位： 東南方是「開門」，也是太歲的「生門」，更是太歲星的「人緣桃花方」，又是九星「六白武曲星」飛臨的位置，此方出行代表鴻圖大展，名利雙收。向東南行走大約365步之後，轉往正南方，迎接太歲「人緣桃花星」、「文昌星」與「財祿神」，讓貴人充滿，財富興旺一整年。

4. **午時（11點15分～12點45分）三合將星時：**

   方位：正東方是「生門」，也是太歲的「開門」，更是太歲星的「歲祿位」，再加上「九紫右弼星」飛臨，以及日辰的「福祿方」，此方出行代表家運亨通，好運隨心所欲。向正北方行走大約365步之後，轉往東北方，再到正東方迎接喜神，讓家運福氣滿滿，吉慶幸福一整年。

5. **申時（15點15分～16點45分）偏財源、福貴、歲合時：**這是夜生活業者的專屬時。

   乙巳蛇年的歲合星在西南方，對於商務買買的企業家，這是太歲星提供旺盛偏財氣的時辰。

   方位：西南方是「生門方」，也是歲合方，以及日辰星的偏財源方，更是太歲星的大財富方。往「東南方」行走365步之後，再轉往「正南方」，然後到「西南方」廟宇拜拜，迎接「歲合星」營造源源不斷的財富。這是專屬夜生活與海外生意經營者的旺運時間。

步驟⑦接天神：

年初四日是迎接天神回到凡間繼續考核人間善惡的日子。俗云「送神早，接神晚」，因此接神時間大部分在傍晚時刻。不管讀者們用什麼樣的金紙，一定要記得加上「甲馬」，讓神威更加顯著。

步驟⑧祭財神：

初五日俗稱為「送窮日」，將過年期間所累積的垃圾送出家門。

在習俗上,初五是接財神的日子,也是傳統的「送窮迎富」日。不過為了提防給別人先接走了,於是一家比一家早,因此有人在初四「接天神」的同時,就進行「接財神」的動作。

然而,有依照本書在除夕夜「接天心」的朋友們來說,早在除夕夜就已經將「財神」接回家了。

 步驟⑨開張、開市拜拜:

好的開始,永遠是成功的一半,可見「好的開始」是非常重要的。嚴格說起來,真正好的開始,很多時候是成功的全部。就像陶文老師創立的「5分鐘開運法」,每天第一次出門行走「奇門遁甲」的「三吉門」,將會日積月累好運勢。而年初一的「走春」,當然也是如此,想想看一年的第一次出門,吉利時辰與方位的選擇,將會決定一整年運勢的好壞。既然如此,那麼新春開工、開市、開張,吉利時辰的選擇自然不宜小覷。因為「好的開始,就是成功的全部」。

也許有人說,我每年都老老實實開張拜拜,為什麼運勢依舊不理想?那就是要選擇正確的日辰與時辰,不同的行業有不同的開張日辰與時辰,如果加上「奇門遁甲」運作,想不旺都難。另外,開張拜拜的意義除了開始好彩頭之外,最重要的是一種宣示的行為,向老天爺宣示,向財神爺宣示,向全體員工宣示,向自己的潛意識宣示,宣示「沒有壞運勢,只有沒有掌握住趨勢」。新春開市拜拜如此重要,自然是全體員工一起來,老闆的信仰不重要,重要的是員工的感覺。

2025年乙巳年的新春開張拜拜比起往年更重要,原因是乙巳太歲所提供的是機會和商機,而重要關鍵是「一定要動起來」。再加上,乙巳蛇年農民曆上的乙巳年可以選擇的開張吉日並不多,因此陶文老

師特別以「擇日學」與「奇門遁甲」的時空配合，再加上依照行業別與職位來挑選吉日，讓「好的開始」真正成為「成功的全部」。

開張吉日如下：

1. 初一（戊戌日）星期三：大年初一永遠是最好的大吉日，不論什麼行業，不論任何人，都要為自己一年的好運勢開張。在「走春」之後前往廟宇拜拜或教堂祈禱，為自己乙巳蛇年的好運勢開張，時間與方位請參考前文的「出行、走春」。

2. 初五（壬寅日）星期日：文昌、偏財源、偏財祿與異路功名日（無心插柳柳成蔭）。

   開張時間：巳時（9點15分至10點45分）為「財祿」、「官祿」並臨時，這是2025乙巳蛇年最為吉利的開張日辰，適合各行各業。

3. 初六（癸卯日）星期一：文昌，食祿日。雖然農民曆記載為「諸事不宜」，不過由於正值「立春日」，因此有一種「一年之計在於春」的好兆頭。

   開張時間：巳時（9點15分至10點45分）為「財祿」、「官祿」和「福祿」三祿並臨時。適合各行業。

4. 初九日（丙午日）星期四：天公生，月德吉星照拂，同時也是福祿、人緣、財源並臨的吉日。

   開張時間：巳時（9點15分至10點45分）為「日祿時」，並且有食祿和偏財源。特別適合服務業。

5. 十四日（辛亥日）星期二：月德合、六合日。財源生財日，大利商務買賣業。

   (1)開張時間：辰時（7點15分至8點45分），龍時，日祿六合時。

(2) 開張時間：午時（11點15分至12點45分），官貴與福祿，六合財庫時。適宜自創品牌，SOHO族，開創型的事業。

6. 十五日（壬子日）星期三：天德合吉星照拂，雖然農民曆並沒有記載為開張日，不過由於是上元天官賜福日，因此這一天依舊「開張大吉」，因為有了「天官賜福」的加持。

開張時間：巳時（9點15分至10點45分）為偏財祿、偏官祿與福氣星，三星並臨的時辰。開張大吉。適宜各行各業。

7. 十八日（乙卯日）星期六：歲德合、天貴星照拂。異路功名日，六合財祿旺財日。

(1) 開張時間：巳時（9點15分至10點45分）為「福星印祿時」，適宜醫療、健康食品與服務業。

(2) 開張時間：午時（11點15分至12點45分）為日祿時，適宜開創型的事業。同時也適宜企劃、行銷、公關、文化、創意、教育、演藝、網路等行業。

節慶求好運

　　人類最珍貴的就是永遠都有明天。昨天過得好不好，那是昨天的事情。去年過得好不好，同樣也是去年的事情。

　　人類另一個最珍貴的就是可以隨時轉身，轉個方向生命的意境風景截然不同，那就是面對陽光就可以將陰暗拋在腦後。

　　2025乙巳蛇年的宇宙磁場，就提供了人們這樣的珍貴磁場，那就是金蟬脫殼和脫胎換骨，開啟全新自己的機會出現了！

　　每天進步一點點，幸福快樂到永遠。每天都是嶄新的開始，每年自然也會是如此，掌握不同的時空磁場，營造出永遠嶄新的每一天。因此美麗的人生永遠出現在順時而變與順勢而變的節奏中，重點是你掌握住了嗎？你知道如何掌握嗎？

　　四時節氣演變，物換星移，星移斗轉，生命永遠都是新鮮的，每一個節氣與慶典都有其特殊的意涵，這是宇宙大自然的恩典，掌握住就可以隨時獲得蛻變的新生命。

　　相信一定會有人問，為什麼我也很認真地掌握住機會，順應節慶布局造吉，但效果還是不如預期？答案是，因為並沒有搭配「時空並用」的「奇門遁甲」策略。因為如此，陶文老師創造了「5分鐘開運法」，每天5分鐘，練習時空並運的開運策略，隨時都在為自己的生命電池在儲電。而關鍵節氣與節慶的掌握，則成為了讓生命更美好的重要機會。

天赦日開運：想擺脫衰運，轉好運，絕對不可以錯過這天

　　「天赦日」顧名思義，那就是老天爺赦免世人小罪小惡，以及化解災厄轉好運重要的日子，一年大約只有6個，十分值得珍惜。

　　赦罪的「老天爺」對於道教來說，指的就是「玉皇大帝」，因此「天赦日」拜拜的對象就是「玉皇大帝」或泛指「上帝」。這是個十分隆重的日子，誠心懺悔自然是最重要，如有「上疏文」請務必遵循規矩，否則用心祈禱即可。而前往大廟拜拜或參與廟宇的祈福活動最不容易犯錯，也是最保險的安心策略。

　　誠摯建議，在過年前或新春期間安太歲與點燈活動的同時就預先稟報，或是報名參與神聖廟宇的殊勝活動，事先安排一整年「天赦日」的祈福相關事宜，可保一年家宅平安順遂，百厄不侵。

　　「天赦日」的由來。根據古書記載，「天赦日」就是「季節專氣」的日辰，例如春天是「戊寅日」，夏天是「甲午日」，秋天是「戊申日」，冬天是「甲子日」，這是季節中的「祿日」或「旺日」。這些都是當下季節的專氣日，因此生氣盎然，能量充滿，而掌管宇宙善惡的玉皇大帝，也才能夠大力地愛民如子，賜予世人宥罪赦過的機會與能量。對於消災化煞與祈福添壽來說，十分神奇靈驗，只不過還是要提醒的是，人生大事的嫁娶事宜，「天赦日」並不適用。

　　常聽許多人說，為什麼我遵循規矩誠心懺悔祈禱，但轉運的效果還是不如預期？

　　其實想掌握住老天爺所賜予的轉運機會日，赦免掉生活上的小罪、小過或小人，以及衰厄的運氣，還需要依照「天赦日」的日辰特質，再配合「奇門遁甲」時間與空間的並用，讓「天赦日」的消災解

厄獲得天地自然的護持，而得到真正的轉運效應。（奇門遁甲詳細訊息，請參考陶文老師官網或加入LINE開心開運群。）

溫馨提醒，這一天祭拜的主要對象是「玉皇大帝」，一般宮廟的「天公爐」就是「玉皇大帝」的主爐。

2025是個奇特的流年，就連「天赦日」都與以往大不相同，乙巳蛇年一共有6個天赦日，其中有3個天赦日都和重要節慶同一天，此種機率非常低，代表今年的「天赦日」絕對要好好為自己、為家人消災解厄，添福壽，否則「錯過了，再等百年」。

天赦日與奇門遁甲開運的吉時和方位

1. 2025年3月10日，陰曆二月十一日，戊寅日。

    奇門開運時間：

    (1) 巳時（9點15分至10點45分），方位：東南方、正南方、西南方。

    (2) 午時（11點15分至12點45分），方位：正北方、東北方、正東方。

2. 2025年5月25日，陰曆四月廿八日，甲午日。

    奇門開運時間：

    (1) 卯時（5點15分至6點45分），方位：東南方、正南方、西南方。

    (2) 巳時（9點15分至10點45分），方位：正東方、東南方、正南方。

    (3) 未時（13點15分至14點45分），方位：正南方、西南方、正西方。

3. 2025年7月24日，陰曆六月卅日，甲午日。

    奇門開運時間：

(1) 巳時（9點15分至10點45分），方位：正西方、西北方、正北方。

(2) 未時（13點15分至14點45分），方位：西南方、正西方、西北方。

4. 2025年8月7日，陰曆閏六月十四日西南方（太靈虛皇天尊同梵炁始素天君下降），戊申日。13點53分立秋節後「天赦日」（錯過了，再等百年）。

奇門開運時間：

(1) 辰時（7點15分至8點45分），方位：西南方、正西方、西北方。

(2) 巳時（9點15分至10點45分），方位：東南方、正南方、西南方。

5. 2025年10月6日，陰曆八月十五日，戊申日，中秋節。最強轉運日，錯過了等百年。

奇門開運時間：

(1) 辰時（7點15分至8點45分），方位：西南方、正西方、西北方。

(2) 巳時（9點15分至10點45分），方位：正北方、東北方、正東方。

6. 2025年12月21日，陰曆十一月初二，甲子日。天赦日，冬至23點1分，錯過了，再等百年。

奇門開運時間：

(1) 辰時（7點15分至8點45分），方位：正南方、西南方、正西方。

(2) 巳時（9點15分至10點45分），方位：正西方、西北方、正北方。

立春（癸卯日，立春22：10）

立春向來就是一個最重要的年度節氣的交換點，「一年之計在於春」說的是春季的努力，同時也在描述迎接「立春」的重要性。一般習俗上會以大年初一為生肖的轉換日，其實應該是「立春日」。

既然「立春」是每年第一個節令的開始，也是年度的交換點，「立春」這一天的「過年」氣息，反而會強過於傳統的大年初一，最主要的是大自然宇宙能量的交換與展現。

2025乙巳蛇年的「立春日」，干支組合為「乙巳年、戊寅月、癸卯日」，是一種清新氛圍的組合，春意盎然，生氣蓬勃，並且是「文昌星」照拂的大吉日。這一天的風水布局與奇門造吉，可提升一整年的好運勢，而人緣與財源也將會更加活絡。

奇門遁甲開運：

1. 時間：巳時（9點15分至10點45分），方位：東南方、正南方、西南方。

2. 時間：戌時（19點15分至20點45分），方位：西南方、正西方、西北方。

小過年（上元節、元宵節）：一年一度最強開運日，錯過了等明年

張燈結彩喜洋洋，這是元宵節，也是上元節的特殊氣氛，過了這一天過年的氣息就結束了，因此元宵節也被稱為「收心節」。大多數廟宇的安太歲與點燈儀式，在元宵節這一天才會正式開始，因此安太歲與點燈的人可以在這一天前往廟宇觀禮。

元宵節是「上元天官賜福」的日辰，面對「天官賜福」無須客氣，承接就對了。據說在這一天的祈福造吉，不但能夠趨吉避凶，並且有求財得財，求緣得緣的神效！再加上陶文老師傳授的「奇門遁甲」開運策略，效果更加強勁。

　　小過年是傳統上對於元宵節的認知，因此早上仍舊可以執行類似「走春」儀式，然後才到廟宇拜拜。只可惜這一天是星期三要上班，因此一早出門先行走「三吉門」，下午申時（15點至17點）才到廟宇拜拜祈福。

奇門遁甲開運：

1.時間：辰時（7點15分至8點45分），方位：西北方、正北方和東北方。

2.時間：巳時（9點15分至10點45分），方位：正北方、東北方和正東方。布局居家風水，走完「三吉門」之後，再前往廟宇拜拜祈福。

3.時間：申時（15點15分至16點45分），方位：東南方、正南方、西南方。

　　以上時間，布局居家風水，走完「三吉門」之後，再前往廟宇拜拜祈福，或面向生門方冥想，心想事成。

頭牙、土地公誕辰

　　龍抬頭，好運也抬頭。二月初二，龍抬頭是蟄伏的萬物復甦的日辰。這一天的奇門遁甲開運布局，自然會引動蟄伏的好運勢跟著抬頭。根據「古東方星座」的記載，「龍抬頭」和「星宿」有關，「蒼龍七宿」的「角宿」就是龍的「角」，在每年的這個時候出現在東方的低空。因此這一天的開運布局，更可以得到宇宙的能量加持。

在傳統上,「龍抬頭」這一天同時也是土地公誕辰日,也是所謂的「頭牙」,這一天前往居家附近的土地公廟拜拜祈福,同時也會獲得土地神的庇佑。拜土地公別忘了祭拜土地公的坐騎「黑虎將軍」,再向「黑虎將軍」換取「錢母」,拿回家後一份放進聚寶盆,一份存入銀行,另一份隨身攜帶,讓財運興盛荷包滿滿。(隨書贈送的「開運錢母」,可以在拜拜的過程中再添加「神氣」。)

2025乙巳年的「龍抬頭」日辰干支組合為「乙巳年、戊寅月、己巳日」,屬於最溫文儒雅的「太歲日」,貴人星氣息十分清晰,因此這一天的拜拜祈福,即便不打小人,也容易引動「化小人為貴人」的正能量。

溫馨提醒:將一份「錢母」擺放在居家和辦公室的「神龍穴」。

奇門遁甲開運:

1.時間:午時(11點15分至12點45分)日祿時,方位:正東方、東南方、正南方。化小人為貴人:走完「三吉門」,最後前往東南方廟宇拜拜祈福。化劫財為生財:走完「三吉門」,最後前往正東南方廟宇拜拜祈福

2.時間:申時(15點15分至16點45分),方位:西南方、正西方、西北方。西南方布居家神龍穴風水局,走完「三吉門」,最後前往正南方廟宇拜拜祈福。

文昌星君誕辰

文昌星君不但是登科甲第的神祇,同時也是人緣、事業的守護神,更有文財神之稱。

二月初三是文昌帝君誕辰日,今年的日辰是「乙亥日」,是福祿

星與貴人星並臨的日辰。這一天，前往文昌星君廟拜拜，旺事業、利升遷、求功名、旺財富與人緣。

　　適宜的祭品：蔥、蒜、芹菜、蘿蔔、竹筍、糕點、包子、粽子、圓形牛軋糖為佳，選擇三樣即可，不過其中尤以具有「功名糖」之稱的「花生牛軋糖」最為理想。

　　據說有幾樣供品要避開，那就是烏龍茶象徵擺烏龍、丸子則等於完蛋、而鴨蛋更是0分的代表，另外紅龜粿則有槓龜的意涵，以上僅供參考，拜拜最重要的是虔誠，以及奇門遁甲的時空並用。

奇門遁甲開運：

　　1.時間：辰時（7點15分至8點45分），方位：正南方、西南方、正西方。

　　2.時間：巳時（9點15分至10點45分），方位：正西方、西北方、正北方。

　　3.時間：申時（15點15分至16點45分），方位：西北方、正北方和東北方。

　　策略：布局居家風水，走完「三吉門」之後，再前往正北方廟宇拜拜祈福。拜拜回來的花卉，請插在正西方。

端午節：繫「長命縷」

　　一直以來端午節都被認為是「陽氣最盛」的日子，事實上「陽氣最盛」的日子應該是「夏至日」，代表上半年的陽氣到了盡頭。每一年的「端午節」幾乎都在「夏至日」之前，而2023年則是在「夏至日」第二天，2024年在「夏至日」的前12天，2025乙巳蛇年更早，甚至於在「夏至日」之前的「芒種節」的前5天，因此2025年的「端

午節」開運策略必然和往年截然不同。

端午節的由來，其實說的就是農曆五月五日的雙五，因此「端午節」又被稱為「重午日」，代表的是「純陽」之象，因此在「重五日」的這一天的「午時」所承接的「水」，被稱為「午時水」，據說具有極大的趨吉避凶的效應。而李時珍在《本草綱目》更是記載了「午時水」做為藥引，對於養生袪毒具有一定的功效。

雖然2025年的「端午節」不在「夏至日」的附近，而今年的端午日辰干支，更是金水相生的「庚子日」，不過「端午節」的節慶特質依舊值得掌握。2025年的「端午節」日辰干支組合是「乙巳年、辛巳月、庚子日」，金水氣息十分旺盛，反而成為了千載難逢的旺財與旺事業的大吉日。

對於真正懂得五行消息專家來說，肯定會知道今年的「端午節」在製作「午時水」和午時有關的開運物件，必須要有特殊的方法，以避開「日破」的窘況。不過對於想要轉運與擺脫厄運的人來說，今年的「午時水」將會是絕佳的聖品。

特殊「午時水」的製作法：

將礦泉水置於玻璃容器，可以的話，使用木質容器最為理想，將水擺放在太陽底下曝曬，務必記得在「午時水」中擺放芙蓉葉或艾草葉，如此可化解「日破」的尷尬，同時也強化了「午時水」的陽氣。

製作時間：11點至13點之間製作的是「陰陽水」，11點至12點之間製作的則是「至陽水」、「極陽水」，其作用也大不相同。

製作的方位：在屋宅的正南方、東南方或正東方。

午時水使用法：將「特殊午時水」裝在噴霧罐裡，噴灑在屋宅的各處，具有避邪化煞除厄的作用，進而開啟正能量與好磁場。

噴灑時間：申時（15點至17點），從西北方開始，然後正北方

與東北方，再來才是各個角落。據說「特殊午時水」對於類似驚嚇的精神不濟情況有幫助，而將「特殊午時水」加入「陰陽水」與「帝王水」的水缸內，具有強化居家旺宅旺財旺事業的神奇效果，化解災煞自然不在話下。

製作長命縷：用五種顏色的線編織成「五色繩」，在中午將「五色線」打上七個結，每打一個節就許一個願，並在結上哈一口氣，因此「長命縷」也被成為「七氣結」。如果再加上具有「化煞為權」和「諸事亨通」的「硃砂」元素，所製作的「硃砂長命縷」，其化煞與旺運的神效更為顯著。經過拜拜過香火繫在手上（男左女右），可盡納功名、利祿、財富、壽喜之吉氣，同時也具有化煞、防小人的作用。

奇門遁甲開運：

1.時間：辰時（7點15分至8點45分），方位：東北方、正東方和東南方。其中以正東方最為神奇，可布局居家風水或走完「三吉門」之後，再到正東方廟宇拜拜祈福。

2.時間：巳時（9點15分至10點45分），方位：西南方、正西方和西北方。其中以西南方最為神奇，可布局「名利雙收」的居家風水，走完「三吉門」之後，再到正南方廟宇拜拜祈福。

農曆六月初六天貺日：玉帝開天門

據說，這一天玉皇大帝會打開天門親自接納世人的殊文祈福。對於補運與祝福而言，具有莫大的助益。最重要的是，一年只有這一天，願望可以直達天聽。

相信一定有人會問，天貺日和天赦日有什麼不同。

據說，「天貺日」是由玉帝親自接收祈福，因此這一天所有的疏

文都有機會到達玉帝的手中。也因為如此，天貺日的補運祈福要強過於天赦日。然而可惜的是，一年中只有一個「天貺日」，也就是每年的六月初六日，錯過了只有等明年了。

不過值得一提的是，由於每一年天貺日的干支組合不同，因此感應較為明顯的事務也有所不同。2025乙巳蛇年的天貺日是「庚午日」，亦即「乙巳年、庚辰月、庚午日」處於「官印相生」的日辰，因此這一天最靈驗的將會是事業、家庭與健康的部份。男士的姻緣亦可，女士們就請不要針對姻緣的事務了。

奇門遁甲開運：

1.時間：辰時（7點15分至8點45分），方位：西北方、正北方、東北方是「三吉門」，但感應最強的「奇門遁甲」方位卻是正東方。因此，在走完「三吉門」之後，前往正東方的廟宇拜拜祈福。居家風水也是在正東方布喜慶風水局，安置「龍穴」的絕佳吉時。

2.時間：巳時（9點15分至10點45分），方位：西南方、正西方、西北方。其中以西南方最為神奇，在祈福的同時，也可以執行「化煞為權」、「化病為祥」家宅平安的居家風水布局，或是走完「三吉門」之後，再前往西南方廟宇拜拜祈福，化解負能量。

3.時間：未時（13點15分至14點45分），方位：西北方、正北方、東北方。其中以正北方最為神奇，布局居家風水，面向此方位冥想，心想事成。

七夕拜七娘媽、魁星、月老和龍德星君

七夕是中國的情人節，傳說是牛郎與織女一年一次會面的日子。據說在這一天的晚上會下毛毛細雨，而那就是牛郎與織女見面所落下

的眼淚。這一天對於提升情緣幸福指數具有極大的幫助，因此可以前往月老廟拜拜求姻緣。

而七夕這一天也是「魁星」的生日。北斗七星的第一顆星是「奎星」，也稱為「魁星」，也是「首星」的意思。古時候考取狀元稱為「一舉奪魁」。這一天自然是要拜「魁星」，傳說要吃牛角麵包，因為可以頭角崢嶸，再前往廟宇或在夜晚朝著北斗星方向默拜。有助於人緣磁場的提升，以及開啟經營事業的智慧。最值得執行的風水布局是「獨占鰲頭」神龍穴。

許多小孩的父母親會在這一天祭拜七娘媽，為的是祈求小孩無災無難，頭好壯壯，平安長大，健康好養育。

奇門遁甲開運：

1.時間：巳時（9點15分至10點45分），方位：正東方、東南方、正南方。其中以東南方最為吉利，宜布局居家風水。走完「三吉門」之後，再前往廟宇（月老廟）拜拜祈福。

2.時間：未時（13點15分至14點45分），方位：西北方、正北方、東北方。其中以正南方最為神奇，可執行「旺文昌人緣」布局居家風水，或走完「三吉門」之後，再前往廟宇拜拜祈福。

3.時間：申時（15點15分至16點45分），方位：西北方、正北方、東北方。其中以西北方最為神奇，宜布局居家風水或走完「三吉門」之後，再前往廟宇拜拜祈福。

中元節地官赦罪日：拜拜、普渡、消災解厄

慈孝月到了十五日，可以說進入了最高點。七月十五日是「中元節」，是掌管人間善惡稽查的「地官大帝」誕辰日，祭拜「地官大

帝」並誠心懺悔，可望獲得「消災祛疾解厄」，消除霉運與災病，以及贖罪的機會。

傳統的七月，諸事不宜。雖然已然進入科學時代，但寧可信其有地避免日後的風吹草動，陷入懷疑的狀態。因此買房、買車，不急於一時的手術，還是謹慎面對為宜。七月的傳統需要尊重，規避風險之舉的確有其必要。

乙巳蛇年的七月十五日是「甲申月、戊寅日」，是典型的天剋地沖「月破日」，具有極大的破除厄運力量。於是乙巳年的「中元節」，成為了名符其實的「地官赦罪日」，想翻轉厄運的人宜珍惜掌握，再運用「奇門遁甲」時空搭配，是千載難逢的事業轉型，運勢轉化絕佳日辰。

奇門遁甲開運：

1.時間：午時（11點15分至12點45分），方位：正西方、西北方、正北方。其中以正北方最為神奇，可布「旺事業貴人」的風水局，或走完「三吉門」之後，再前往廟宇拜拜祈福，化解負能量。

2.時間：申時（15點15分至16點45分）日破時，方位：正東方、東南方和正南方。其中以正南方最為神奇，由於是「月破日」的「日破時」，具有「雙破」的能量，更具強大的轉運神效，布局居家「化煞為權」風水局，或走完「三吉門」之後，再前往廟宇拜拜祈福，消災解厄。

秋分

2025乙巳蛇年秋分是台北時間9月23日凌晨2點20分。這是天文秋季就開始的時間，也是天文學所說的「下降點」。依照春生，夏

長，秋收，冬藏自然定律，秋天是收成的季節，而「秋分」則是召喚豐收，亦即醞釀豐盛好運氣的日辰。

據說「秋分」若在「社日」之後，就是歹年冬，在「社日」前代表的是豐年收成的好年冬。2025年的「秋分」為9月23日，而「秋社日」是9月26日，在「秋分日」後3日。根據此傳統的說法，2025乙巳蛇年「秋分」之後的下半年，將會是風調雨順，而在「秋分」這一天的祈福造吉，也容易引動豐盛的好氣息。

再查「秋分」這一天的元辰干支組合為「乙巳年、乙酉月、乙未日」，十分值得注意的是，整體結構少了「水星」的氣息，代表的是「水氣」十分不理想，也象徵整體大環境最需要留意的是健康的問題。對於我們而言，自然就是家庭運勢的提升了。也因此，奇門遁甲開運時間與空間的配合，就需要更縝密的安排。而這一天最好噴了「帝王水」再出門，以及以「水」五行的藍色與黑色為主要穿著，而吉利色系，如湛藍色加上雲霧白與經典黑加上浪漫紫。

奇門遁甲開運：

1.時間：卯時（5點至7點），方位：正北方、東北方、正東方。其中以正北方最為神奇，可執行「旺家運」布局居家風水，或走完「三吉門」之後，再前往廟宇拜拜祈福，讓下半年家宅更平安。（早上提早出門，廟門若還未開啟，可在廟門致敬祈福，或是在家中面向正北方冥想、默禱，為的是旺家運和健康。）

2.時間：申時（15點至17點），方位：西北方、正北方和東北方。其中以正北方最為神奇，布局居家風水，走完「三吉門」之後，再前往廟宇拜拜祈福，依舊是為了旺家與健康。

中秋節

錯過了再等百年！

月圓人團圓，中秋節是天上月亮最圓，人間最圓滿的節日。這一天也是「太陰星君」與「月老」誕辰，因此拜月娘護佑兒童，拜月老則提升幸福指數，讓情緣更圓滿。

八月十五日中秋節，同時也是一年中最靈驗的積緣補運日，是一年一次開啟好運氣的大吉日。

2025乙巳蛇年的中秋節格外不同，因為這一天同時也是玉帝赦罪的「天赦日」，此種巧合恐怕百年難得一見。在如此殊勝的日辰祭拜「龍德星君」，其消除霉運，提升財運的能量必然倍增，整體好運氣應該有機會在「九紫離運」發酵。未來19年好運連連，諸事順心，災禍不生，幸福美滿。

拜月老：辰時（7點至9點），方位：西南方。

拜玉帝：巳時（9點至11點），方位：正南方。

拜龍德星君：八月十五日19點15分至20點45分（戌時）

祭拜地點：宅前空地、陽台或宅前花台。

祭拜方式：設香案，擺放水果三樣、月餅（圓形牛軋糖）、糖果和鮮花。

提示事項：只需三炷香，不需要焚燒紙錢。最重要的是，一顆虔誠的心。其實不設香案拜拜也行，雙手合十誠心默禱。拜拜（默禱）後，鼓掌三次，可望諸事順遂，霉運袪除，災禍不生，補運開運如錦上添花，家庭幸福美滿。

旺財法：中秋節巳時（9點至11點）是「六合日祿旺財時」，屋宅或辦公室的東南方布「神龍穴」營造名利雙收，同時也擺放「黃金

福祿聚寶盆」（內置100枚硬幣，加上1顆黃金虎眼一葉致富石）。

求姻緣：前往月老廟，拜拜祈福。拜拜禮儀遵循廟方指引，紅絲線繫在手上，請記住不是男左女右，而是女左男右，因為女士們求得是男性，而男士們求的是女性。除非不同性向。另外，記得把拜拜的香水百合插在屋宅正南方，既旺事業，也旺人緣與桃花。

吉利時間：男士們請用在卯時出門（6點30分），行走三吉門正南、西南和正西方之後，再回到家中等到巳時（9點至11點）再出門前往月老廟拜拜，如此才有機會化解「爛桃花」的糾纏。

女士們則直接用巳時（9點至11點），方位：東南方、正南方、西南方。其中以正南方最為神奇，或先布居家風水局後，再出行走完「三吉門」，然後再前往廟宇拜拜祈福。

簡易生基轉運法：

時間：戌時（19點15分至20點45分），方位：東南方。

紅紙：書寫名字、生辰，想轉化、消除的事務。寫完後哈三口氣，再放進紅包袋。

儀式：將紅包袋，埋在泥土中，直接離開不要回頭。

特別提醒：切記一定是要書寫想化解的壞運勢，千萬不要寫祝福與希望。

重陽節

登高、賞菊、喝菊花茶或酒，趨吉避凶，步步高升。別忘了「敬老尊賢」，這是最佳狗腿日。

冬至吃湯圓

冬至一陽生,吃湯圓升陽氣。白色湯圓添貴氣,紅色湯圓旺姻緣與人緣。祭拜祖先,旺子孫。

乙巳年

奇門遁甲
易經論股

【國運經濟與台股趨勢】

太歲星創造能量強，為世界帶來了「改變」

　　把change變成chance！生命中的重大轉變，就是學會面臨改變。這是一位作者在書中強調的一句話，發人深省。

　　我們都知道時間不可能倒流，所以沒有所謂的「如果可以重新來過」的問題，不過卻有一種現象值得我們珍惜與運作，那就是「改變」或「蛻變」。只因為在2025乙巳蛇年的整體磁場中，就存在這樣的能量與訊息。掌握住，並且也掌握對了，如此一來的「蛻變」，就和「重新來過」是沒有兩樣的。

　　時間是無情的，過去了，就過去了。但人是萬能的，即便無法回到過去，卻可以就現在的資源與環境，以及宇宙的能量與磁場，換個方式來扭轉生命，讓新的生命型態可以如期發生，如期展開。這個時候想到一句經典的話，那就是「歷史不會重演，但會押韻」，非常有名的一句話，道盡了歷史可以借鏡的意境。許多時候，事件的發生是一連串的，我們稱之為「骨牌效應」或「蝴蝶效應」，雖然未必依照歷史的軌跡，但肯定是凝聚當下宇宙時空的「機點」能量。此種現象，應該就是人們經常說的「無巧不成書」。

　　「無巧不成書」，對於2025乙巳蛇年來說，應該會是最佳注解。因為有太多的巧合，在這一年中發生，從天象到太歲，以至於九星元運，再加上卦象，此種「好事發生」景象，集中在一年重複發生，可以說是百年難得一見。於是，重點來了，既然是「改變」、「轉變」

與「蛻變」，那麼讀者們依照本書「奇門遁甲」的時空運用，「蛻變」後的結果，想要立竿見影並非難事。只不過，乙巳年所發起的「蛻變」，有極大的機會在未來的19年中持續發酵，而重點在於今年掌握住這個「變」的契機了嗎？

　　前述的種種現象，其實就是整個宇宙的定律，今年（乙巳）轉變、開發，明年（甲午）圓滿再茁壯。至於成果狀態如何，就要看「變」的程度與「變」的方式了。這個時候，陶文老師想要請問讀者們幾句內心話，那就是「如果生命有機會蛻變，你會想如何蛻變？」「如果生命有機會改變，你想改變生命中的哪個部份？或改變成為什麼樣的人？」「如果生命有機會轉變，你想轉變成什麼樣的生活態樣？」「如果改變成能夠擁有屬於自己生命價值的人，你會想要嗎？」

　　2025年上半年木星在雙子座，6月20日之後將會進入巨蟹座。上半年的木星磁場並不理想，在春分盤中木星位於國際的位置，因此國際事件與紛擾肯定只會多不會少，這其中雖然有地緣政治，但絕大部分會發生在財經上頭。6月20日之後，地緣政治緊張要不升溫，要不就獲得舒緩，而前者容易發生在11月11日之後。這是國家、家庭與內心世界的變化。

　　冥王星在2024年11月20日正式進入寶瓶座，並且會逗留20年，這是一種具有革命性質的霸氣轉變，發生在國家就是政局與政策上的轉變，而比較不好搞的時間點，則容易落在5月4日至10月13日之間。不過這也是絕佳「蛻變」的機會。土星將於5月25日第一次進入白羊座，雖然還會在雙魚與白羊之間徘徊一段時間，不過土星白羊的世界特質已然獲得啟動。最值得關注的是，土海會相的天星現象，土海會相大約36年出現一次，這是一種現實與理想的衝突與融合。而每一次的土海會相都為當下的世界，帶來了極大的事件與變數，此種變數的影響範圍包括了政治、經濟、房地產、人際關係與健康。上一次的

土海會相在1988~1990年於山羊座，具代表的事件是冷戰結束、柏林牆倒塌與天安門事件。再上一次則是1951~1953年於天秤座，中國的「三反」、「五反」，再再上一次則是1917~1919年於獅子座，蘇聯建立共產國家與五四運動。這一次則是2024~2026年於雙魚座，目前看到的是AI顛覆傳統，至於房地產是否泡沫（中國已然發生），就讓我們繼續看下去了。

2025乙巳蛇年太歲星的最大亮點在於「行動」，只因為太歲星的創造能量超強，目標企圖心也十分明顯，為整個世界所帶來的自然就是「改變」。乙巳太歲干支屬於「天生地」的結構，整體而言這是吉利的象徵，再加上天干的「乙木」與地支的「巳火」，出現了一種「天地相合」的狀態，而此種合相對於整個環境所展現的，將會是事業職場型態的蛻變，可以預見的是，從今年開始面臨或選擇事業轉型的企業將會如過江之鯽。只不過真正成功的並不多，只因為太歲星保留的一項元素，等著有緣的人，以及有智慧和有紀律，懂得團隊運作與合作，並且以計畫行動為主要策略的人。

乙巳年是屬於木火相生的太歲結構，對於天候而言，比較容易理解的是火氣盛，容易出現炎熱與乾旱的氣候，乙巳年的高溫容易突破往年紀錄。只不過，由於乙巳年的水氣屬於隱藏狀態，一旦發動就不可小覷，而引動的關鍵時間在於「申月」，屆時恐怕就要注意澇害的防範。2025乙巳年是進入「九離紫運」的第二年，「九離紫運」是個講求快速的元運，因此有了「寅做卯發」的稱謂，只因為祂是「催貴趕煞」的星曜。而2025乙巳蛇年的流年主事九星是「二黑病符星」，除了代表疾病之外，「二黑病符星」最大的特點就是散漫、有氣無力，因此公司最大的忌諱就是財務、業務與生產部門設在「病符位」。「二黑病符星」進入主導位置的今年，除了最重要課題將會落

在注重健康方面之外，更可以預見生技、醫美與免疫醫學將會成為商業上的主流。但「二黑病符星」將會把「九離紫運星」的特質給減緩了，於是「寅做」不再是「卯發」，很可能會是「午發」或更晚。因此這一年「九星風水」布局，傳統的模式就不再適用，而是務必在屋宅中央位置（中宮）布「龍穴」局。至於如何布「龍穴」局，請閱讀「奇門基因風水篇」。這是個最需要用心布局風水的一年，畢竟「病符星」的氣勢不可忽視，除此之外，家運、財運與事業運都容易像進入減速區一般，整個慢了下來。當發覺運勢突然間「慢下來」了，才來布局那恐怕就來不及了。風水向來就是彌補流年氣場不足的工作或學術。乙巳太歲的氣數結構中，有了人脈能量，也有了創造與創作的智慧能量，更擁有財富自由的優質磁場，但就是不容易將好運積累下來，也不容易將錢財留存下來。因此如何在居家和辦公室中布置「龍穴局」，成為了必須認真面對的功課。

台灣國運

【水風井】是2025年台灣的國運卦象。這一卦說的是穩定與耐力，穩定指的是《易經》說的「改邑不改井」，指的是就算改變城鎮，水井還是會待在原來地方，而搬家的時候，所有的家當都可以搬走，就是水井搬不走，因此也象徵生命的泉源與生活的中心。另外【水風井】的意境在「辛苦有成」，因為早期沒有馬達的時候，想喝水就要到井邊打水，必須一桶一桶地打，一點兒也無法投機取巧，並且要很小心地打，因為只要粗心將水桶弄壞了，就沒水可以飲用。由此可知，【水風井】的卦象意境，既喜悅又謹慎。喜悅的是，擁有源源不斷的資源，就像喝不完的井水。謹慎的是，稍有不慎弄壞了水桶，只能望「井」興嘆了。

就卦象中的氣數排列角度觀察，發覺這口井並沒有獲得好的維護，而是讓村裡的人予取予求，井身依舊是自然的狀態，井的內部是泥土結構，再加上井底的汙泥愈積愈厚，如此看來這口井遲早會被掏光。

台灣是個寶島，具有源源不斷的資源，但在國際社會的角色卻十分微妙。雖然地域不大，在國際世界上的名號與地位卻不小。雖然其他村的人都想飲用這口井的水，但不敢強取豪奪。可惜的是，這口井的村人與領導，並沒有善用這口井創造衍生性的資產。

幸運的是，今年所占到的國運卦是出現微妙轉機的【水風井卦】。從卦象中的氣數排列觀察，發覺卦象中的主事者，發出該有的作為，以經濟的改善與強化為主要施政策略。只不過由於這些策略出現了牽一髮動全身的現象，因此許多的政策不得不朝令夕改。再從【水風井卦】與民生有關，以及與土地有關看來，2025年台灣最需要規避的將會是危害民生的「優良政策」。

【水風井】的意境在於循序漸進，水一桶一桶地打，改革也是如此，急了，弄翻了水桶，打破了水桶，水就沒得喝了。而此種意境符合乙巳蛇年的轉變與建設，丙午馬年才有機會收成。

台灣經濟

【澤風大過】是2025年台灣經濟走勢卦象。這一卦說的是包袱，說的是壓力，也在說頭尾俱弱的現象。就卦象的背景故事角度來說，【澤風大過】是湖面看起來平靜，但湖面下卻隱藏著蠢蠢欲動的波瀾。也在訴說一個意境，那就是水淹過了樹木，太超過了。這是個描述壓力重重與充滿變數的卦象，而這個變數隱藏在湖面下不容易察覺。

【澤風大過】的「澤」代表的是湖水，「風」指的是植物，也在

指市場上的消息，以及社會上的風氣與潮流。對於事務的執行而言，不應該一成不變，但也不應該沒有計畫與目的的變，這是一門不容易的學問，在變也不是，不變也不是的情況下，自己需要有一把自我規範的尺。

【澤風大過】已然將目前的國際財經狀況給出了詳細描述，因為台灣是一隻國際上的小船，大船在動，小船想不動都不行。這是一種無奈，也是【澤風大過卦】的壓力所在。再就卦象中的氣數排列角度觀察，發覺執行事務的人真的要有一把屬於自己的尺，需要避免的就是隨波逐流。幸運的是，卦象中的主事元素，掌握住了關鍵變數，因此在國際財經出現震盪的時候，台灣還能夠進退自如。

整體而言，這是個需要多費心思的卦象，經濟的經營如湖水，不能一昧阻止式的管理，而是以疏導的方式來調理。這就是所謂的「興利除弊」，而不是「除弊興利」。

台股

全世界的股票市場在龍年都處於創新高狀態，截稿為止，台股出現在2024年的高點24416點，也是歷史最高點，但有意思的是，量能卻沒有同步。指數在2024年7月11日創新高之後，就陷入震盪狀態，但市場的樂觀氣氛依舊滿滿，更有人認為台股日線已然構築了W底，未來值得期待。只不過還是有人因為聯準會的降息感到不安，為台股2025年的盤勢表現擔心，且讓我們用另類的角度觀察。

天星對於財經的觀察值得參考的成份極高。2025年的春分盤中，正財位與偏財位都處於空宮狀態，反而是代表股市投資的宮位，出現了冥王星獨撐大局的英姿。不過還是要提醒的是，冥王星六合太陰

星，同時也六合金星與水星，理論上這是個理想的天象結構，代表2025年的投資市場的漲跌，都在政策的影響下發展。

2025年的春分盤十分有意思，金水以逆行的方式會相春分盤，恐怕百年都難得一見。最重要的是，代表國際財經的木星，在春分盤中處於刑沖狀態，來自於太陰星的沖剋，透露出2025年的財經趨勢，將受到房地產走勢的影響，同時也透露出整體國際財經的趨勢發展，十分不理想。星盤中唯一幸運的是，火星的氣勢十分健朗，六合天王星，在三合土星，2025年的高科技類股依舊值得投資，只不過有必要將目標往AI概念與週期性的標的移動，而傳產也有機會獲得關照。

2025乙巳蛇年的太歲星帶著「財源吉星」和「財祿吉星」同步出現，乙巳蛇年的財利之活絡可想而知。再以太歲的五行亮點結構角度觀察，發覺2025年傳產的確有機會再次受到眷顧，而太陽能與能源概念標的也有機會表現。由此可知，2025的股市投資無須過於憂慮，只不過由於太歲星的氣勢不足，因此還是有必要隨時留意調節和獲利機點的掌握。只因為，乙巳年是個有財無庫的太歲，因此有兩件事一定要執行，一是採取區間或階段性模式運作，為的就是避免年底檢視荷包，發覺到頭來白幹一場。其次是，無論如何都要妥善管理銀行存款，避免一股腦花光積蓄。還有在家中布「龍穴局」，解除太歲星「有財無庫」的困擾。

【地山謙】是2025年台股投資求財卦象。這一卦說的是謙虛，對於事務的執行而言，則是以退為進，因此這是個吉利的好卦。只不過不利於投資求財，原因是股市投資永遠都是正向運作，只前進沒有退後，更沒有所謂的「以退為進」。

再以卦象中的多空架構角度觀察，發覺卦象中的多方氣勢雖然不明顯，不過卻得到了卦象中空方的善意資助，再加上卦象中的支持盤

勢上漲元素氣勢依舊明顯，因此2025年的台股依舊是充滿希望的。只不過既然是具有謙虛意涵的【地山謙卦】，台股大盤的走勢恐怕就會不如2024甲辰龍年了。值得一提的是，在陶文老師撰寫【股市黃曆】33年來，占得【地山謙】卦象的盤勢，幾乎都是以下跌收盤，雖然跌幅不大但盤勢是軟弱的。因此就2025年的這個卦象看來，台股大盤有機會像太歲生肖一樣繞來繞去。再以卦象中的力量分布與氣勢分析角度觀察，發覺下跌不易是重點之一，因此當出現急跌的時候，務必掌握機會積極承接，以便營造短線機會財利。另外值得說的是，【地山謙】的卦象意涵，還有各項操作的部份，鎖定權值強勢股以來回運作的方式，反而容易營造預期中的財富。

就卦象而言，【地山謙】對於傳產股比較友善，而生活穿戴高科技概念股也值得關注。再以卦象角度觀察，2025年的高點容易出現第三季，次高點則容易出現在第二季。春生、夏長、秋收、冬藏，十分符合大自然定律，而這也是【地山謙】卦象中的「坤卦」的特質意涵。再就卦象中的氣數角度觀察，關鍵數字為2、5、7、8。如果用排除法，卦象中的多方上漲元素氣勢明顯，因此18000點的機會不容易見到，而28000或27000點也因為卦象中的多方氣勢不明顯，而給予排除。至於25000點的機率也不大，因此22000點成為了合理的推算。再就卦象中的空方釋放善意，因此盤勢還是有機會上漲，因此以22000點基數，上下2000點為變數。

▶ 電子股趨勢・STOCK MAKER

短線反覆運作，財利豐碩可期

聯準會降息2碼，帶動境外資金回流，台股又出現熱烘烘的景

象。更熱鬧的是蘋果發表了iPhone 16，雖然初期銷售不如預期，但還是造成了風潮。華為出產了三折疊手機，即便價錢高得嚇人，同樣也造成一股風潮。對於電子股而言，永遠不缺新聞話題，再加上未來AI伺服器陸續放量，以及邊緣AI應用發展，例如AI手機、筆電、自動駕駛等智慧製造，都將會讓電子股繼續引領風潮。

【雷澤歸妹】是2025年電子股走勢卦象。這是一個定局的卦象，說的是婚嫁的事情，一旦成定局，後續的事務也會陸續執行。對於成為2025年電子類股的投資求財卦象而言，更是要告訴投資人對於電子類股的投資，就像男女婚嫁一樣，值得忠貞不渝。

再就卦象中的多空架構角度觀察，發覺卦象中的多方氣勢雖然不明顯，但卦象中的上漲元素不但氣勢明顯，同時也努力運作，因此對於電子類股投資求財，需要的是階段性或區間性的運作，鎖定強勢智慧製造概念股，短線反覆運作，財利依舊豐碩可期。

▶ 金融股趨勢・STOCK MAKER

消費性金融股值得關注，財利以夏季較旺

【山水蒙】是2025年金融類股走勢卦象。這一卦說的是清新、啟蒙，是一種新氣息的啟動。對於事務的執行而言，許多時候還帶有「柳暗花明」的意義，因此才會被稱為「萌生萬物」的卦象。對於降息之後金融股的感覺，應該就是此種感覺，不過還有一種幾家歡樂幾家愁的現象。對於交易主導金融業（債券、壽險型金融）值得關注，因為降息推動了市場活躍，將會提高股市、債市等資本市場的交易量，因此帶來更多交易收入。然而對於銀行來說，就真的是憂喜參半了。

前述現象，也不難從卦象中的多空架構角度獲得觀察，發覺卦象

中的多方氣勢並不明顯，雖然空方意識明顯，但不但不危害，還釋放了許多的善意，整體看來消費性的金融股，值得投資人關注。整體而言，金融類股的財利以夏季較旺，秋季區間運作，其餘季節多看少動為宜。

▶ 營建股和房市趨勢・STOCK MAKER

房市買氣旺盛，下跌空間有限

房價要崩盤了！房市要瘋了！

「新青安」如雷貫耳，為台灣房地產注入了營養劑，市場開始熱絡，購屋成為了年輕人的風潮，房價自然出現驚人的漲幅。於是許多的說法出爐了，聽最多的就是「房價漲過頭了，失速造成崩盤」，另外就是「再過兩年將會出現拋售潮」；不過認為「房價欲小不易」的專家有之，「房價會直接旺到2025年」的亦有之。房價到底會如何發展，且讓我們用另類角度來觀察。

【天水訟】是2025年台灣房地產走勢卦象。這一卦說的就是目前房地產市場所出現的現象，那就是議論紛紛與多空分歧。顧名思義，「訟」就是「爭議」，對於事務的執行而言，代表的是各說各話，需要沉澱後再出發。對於財經世界而言，也是如此。尤其以2025年的房地產卦象，可以預見的是，爭議只會多，不會少。

2025年房地產到底會不會下跌？

【天水訟】雖然是個充滿爭議的卦象，不過由於卦象的氣數排列，透露出居高不下的訊息，因此即使有再多的爭議也無濟於事。再以卦象中的多空架構角度觀察，發覺卦象中的買氣不但旺盛，同時還趨之若鶩，房價根本就沒有下跌的空間。雖然打房策略不斷祭出，但

還是沒有影響到房市，這就是「空頭不死，多頭不止」。

不過還是要提醒的是，想要購買房子的人，除非符合「新青安」條件，否則稍安勿躁為宜。但對於首購者而言，只要機緣到了，風水也合格了，就無須過於猶豫。

【火水未濟】是2025年營建類股走勢卦象。政府打房的政策愈來愈猛，提出「第七波信用管制措施」後，對於房市簡直就是重拳直擊。其中，有房者購屋不得有寬限期，以及第2戶購屋貸款成數降至5成等新措施，讓許多購屋者縮手，這其中受到影響最大的還是預售屋的部份。

【火水未濟】是一種水火交戰的卦象，冷熱交戰像極了目前的房地產市場。由於卦象中的氣數排列，同樣出現了困難的訊息，預售屋的影響還會繼續擴大，接下來影響的自然就是營造公司，而營建類股不免受到波及。

再以卦象中的多空架構角度觀察，發覺卦象中的多方氣勢雖然不明顯，卻出現了受到援助的現象，代表市場買氣依舊熱絡。也因此出現了，房市是房市，股票是股票的現象。換個角度來說，買不買房不重要，重要的是對於大型營建公司的股票，回檔下跌還是宜站在買方。

整體而言，卦象所表現的就是，表象不理想，實際上還是出現了危機入市的卦象訊息。

▶ 生技股趨勢・STOCK MAKER

逢低布局題材股，第二季有機會承接加碼

千呼萬喚始出來，「再生醫療雙法」終於三讀通過了，生技股注入的新生命，2025年發光發亮指日可待。

【澤風大過】是2025年生物科技概念股走勢卦象。這一卦說的是壓力與包袱，不過卻也存在著一種訊息，那就是不可能中的可能，因此《易經》對於【澤風大過卦】又有另一個描述，那就是「寒木生花，遲暮逢春」，冬天開花的形容對於生物科技來說十分貼切，只因為期盼許久的「再生醫療雙法」終於三讀通過了，接下來的開花結果值得期待。

就卦象的氣數排列角度觀察，發覺卦象中充滿著機會，即便出現了「本末俱弱」的現象，但只要有官方政策的加持，投資價值將會得到大大的提升。

再以卦象中的多空架構角度觀察，發覺卦象中的多方氣勢十分明顯，且得到了時機點的加持，投資的機會到了就別輕易錯過。只不過，個股標的還是需要仔細挑選，目前還在低檔，且有題材加持的股票宜逢低布局。

就卦象而言，2025年應該可以說是生技股的元年，鎖定「再生醫療雙法」相關題材，就有機會鎖定財富。整體看來，生技股的財利是一年四季的，第二季有機會承接加碼。

▶ 傳產股趨勢・STOCK MAKER
傳產業的春天第二季發酵，見好便收

傳產類股已經處於逐漸被遺忘的一群，只因為AI時代的興起。屋漏偏逢連夜雨，美國內需消費需求萎縮，讓台灣傳產在外銷上更吃力。感謝上帝，聯準會降息2碼，傳統業有機會迎來睽違已久的春天。再加上，通膨持續放緩，消費者的消費意願容易獲得提升，傳產業準備迎接春天的陽光。

而就在春天有機會的時候，2025年傳產類股走勢卦象，占得了如泉水清新湧現的【山水蒙卦】。這一卦說的是清新與新希望，對於事務的執行而言，代表製造機會與迎接機會。對於投資求財而言，也是如此，尤其是2025年的傳產情況十分貼切。

　　再就卦象中的多空架構角度觀察，發覺卦象中的多方雖然氣勢並不明顯，不過整體卦象氣勢排列卻展現活力湧現的感覺。就卦象而言，對於傳產業的投資求財，重點將會擺放在哪個標的的選擇。再就卦象所釋放的訊息發覺幾個值得關注的標的。例如；製鞋、成衣、自行車、綠電，以及電子與傳產同步運作的標的更為精彩。整體來說，傳產業的春天容易在第二季發酵，見好便收，擇股再戰。

【放眼國際】

地緣政治將是影響國際經濟的重要因素

　　宇宙生命的美好與精彩在於成長式的蛻變，這是這兩年讓人深切的大體驗，同時也是市場型態的大轉變。2024甲辰是「九離運」的開始年，「離卦」代表的就是蛻變，並且是系統式的蛻變。想想看，AI已經幫人類做了很多事情，例如萬字論文快則半小時，慢則也只要半天，高科技進展到獨霸市場，全世界的財經市場也已經成為了一個人的江湖。

　　經過一年的時間，股市老手都感覺到過去的經驗法則已經不適用，例如「出現新低量，就會出現新低價」的經驗法則已然成為了問號，以及「好消息未必是好消息」或「壞消息就是好消息」更是習以為常。「九離運」卦氣的能量果然不同凡響，而進入乙巳蛇年之後，只會更加劇烈，更加明顯，只因為「離火」會和「巳火」加在一起成為一個大炬火。

　　冥王星過宮了，以後將會在寶瓶座待上20年，寶瓶是個具有革命特質的星座，冥王星的霸氣，冥王星的毀滅與重建，死亡與重生，讓市場的絕對性改革更霸氣，更徹底了。2025年最讓人擔憂的應該是地緣政治的問題，因為天星還出現了36年一次的「土海會相」，幾乎每一次的會相都會出現國際性的變革大事件。上一次1989年的政治變革除了「柏林牆」倒塌，還有其他的著名事件；再上一次1953年的政治變革中，最具代表性的是「板門店停戰協定」與「美國開啟了冷戰時

代」；再再上一次，則是1915年至1922年之間的「五四運動」。而2025年至2026年之間的「土海會」，容易發生與土地有關的事件，而「地緣政治」就是其中之一，還有讓人擔憂的將會是「房地產」市場的變革。

2025年的春分盤中「正財宮」和「偏財宮」都屬於「空宮」狀態，代表這一年的財經市場未必會出現大風浪，但也不容易成為市場聚焦的事務，倒是「股市投資宮位」的冥王星是主角，代表這一年的國際經濟櫥窗，將會在財經政策下進行霸氣的表現，可以預見的是「大者恆大」、「強者恆強」，或是「大好大壞」，於此理想的投資標油然而生。

【雷火豐】是2025年國際財經趨勢的卦象。這一卦說的是「豐富」與「豐碩」，對於事務的執行來說，代表的是速戰速決，見好便收。對於投資求財而言，占得此卦自然也會是如此。就卦象而言，市場所擔心的軟著陸或硬著陸都不容易發生，這種似著陸非著陸，影響財經市場最大的，反而容易落在非經濟因素上，而地緣政治就是其中之一。另外就是市場整體型態的轉變，以及容易出現「造成船難」的原因，是人群過度集中往單邊擠的結果。

再以【雷火豐】卦象中的多空架構角度觀察，發覺卦象中的多方氣勢依舊明顯，代表經濟的熱度不容易削減，只不過由於多方的步調並不協調，以及主導經濟上揚的主要氣勢也不明顯，可以預見的是，即便市場依舊熱絡，也即便影響財經趨勢的空方壓力並不明顯，但還是可以觀察到，那種看政策臉色表現的窘況。整體而言，這一卦說的是短線運作，利多容易出現在上半年，夏季積極運作，營造短線機會財利，第三季續漲見好便收。

綜合而言，2025年的國際財經走勢雖不如2024年熱絡，而市場所

擔心的世紀大崩盤並不容易發生。但還是有金融研究專家發布報告，報告中指出「市場似乎正在重演歷史一頁，人工智慧 (AI) 或將主導美股重演『1999 年網路泡沫慘劇』」，這個時候投資標的的選擇恐怕就要多做功課了。原物料、傳產、能源、智能高科技、機器人等領域都值得布局關注，以及週期性的標的。

【雷火豐】卦象中繼續透露出，各國財經政策的努力不遺餘力，聯準會降息的動作將繼續進行，投資人有必要提防賺了價差，賠了匯差。

國際股市分析
美國、歐洲、中國

美國 → 調整策略才有機會營造預期的好結果

【天山遯】是2025年美國經濟走勢卦象。這個卦象形容一個有意思的故事，那就是一頭長滿肉的小豬，在快速地逃跑。對於事務的執行而言，代表的是以退為進。同時也在提醒卦象的執事者，千萬不要過於強勢，自我意識不宜過高。對於投資求財而言，雖然也同樣的情況，只不過這其中所引藏的卻是政治的干擾成份，此種現象和政治場上的一種擔憂不謀而合，那就是「川普經濟危機」。撰寫文章的時候是9月底，離美國大選還有1個多月，然而市場已經開始出現憂慮，因為許多專家的研究發現，川普的一系列政策將給美國帶來通脹的劇烈反彈。但是，川普真的會當選嗎？是不是該來個祈禱，God bless America, God bless the world（願上帝保佑美國，上帝保佑世界）。

回到卦象的研究與分析，發覺整個局面的引動力量，出現了整體

國家政策的影子，大選的結果似乎已經有了影。再從卦象中的多空與趨勢架構角度觀察，發覺政府在努力釋放「防止」的策略，而再發現支持經濟成長的正能量十分不明顯，出現了「除了解除危機，還是解除危機」的卦象訊息。

市場上有專家研究發現，2024年美國經濟的多項指標與2007年，也就是次貸危機的前一年，有著驚人的相似。研究中又發現，在過去的100年間，一共有三個時期的一些經濟數據十分雷同，經濟環境也十分相似，那就是1929年至1934年，2005年至2008年，以及2022年至2024年，接下來的2025年能不讓人擔憂嗎？雖然如此，就算主要經濟指標並不健康，但就這樣斷定在經濟上會引來一場腥風血雨卻也未必，更是過於主觀。

再來觀察卦象，【天山遯】是個長滿肉的小豬在奔跑，就算是逃跑，就算卦象中的健康元素並不理想，但終點終究還是在「長滿肉」，因此就算會出現風風雨雨也會是下半年之後的事情。

【水風井】是2025年美國國運卦象。由於美國的經濟對於國際世界而言，一直都扮演動見觀瞻的角色，因此美國的國運也值得我們觀察。【水風井】是個謹慎小心的卦象，但由於所求必允，因此這個卦象的重點不在於吉凶，而是到底發生了什麼事，以及做了什麼事。就卦象的氣數排序看來，2025年的國運將與經濟強弱息息相關，這個時候的美國有很大的機會再出現「境外戰場」的影子。也因為這個觀察，更坐實了地緣政治將會是2025年影響國際經濟的重要因素的推論。

陶文老師在撰寫這篇文章的時候，適逢因聯準會降息而迎來的市場快速的漲勢，但股神巴菲特（Warren Buffett）卻持續執行瘋狂賣股的行動。

根據報導，股神這種篤定的行動引起了市場的騷動和緊張，但讓

波克夏海瑟威公司的現金水位再度創下新高紀錄。報導中再指出,有經濟專家觀察巴菲特此刻的操作策略,專家並點出巴菲特大幅度削減「某類型股票」,是一種值得關注的訊號。專家更進一步認為,巴菲特的行動與過去1999年網路泡沫爆發前的觀點相當類似。另外的金融專家所發表的報告中也指出相同的訊息,那就是市場似乎正在重演歷史一頁,人工智慧 (AI) 或將主導美股重演「1999 年網路泡沫慘劇」。市場上當然有不同聲音與看法,用過去的經驗與紀錄觀察,發覺大選之後的第一年股票市場的表現幾乎都是亮眼的,而且認為AI科技股多頭不變的專家不在少數。然而泡沫真的會發生嗎?熊真的會出沒在華爾街嗎?且讓我們多元角度繼續觀察,首先用道瓊卦象,其次再來用費半卦象。

【風天小畜】是2025年美國道瓊走勢卦象。這一卦說的是小小醞釀與慢慢積累,就卦象意涵結構來說,這是個吉利的卦象,只不過對於事務的執行還需要但書,那就是「不宜操之過急」,循序漸進是較為理想的趨吉避凶。只不過這一次所占得的【風天小畜卦】,從卦象氣勢排列角度觀察,發覺壓力不小,因此還需要準備好多元的趨吉避凶策略。對於投資求財而言,也是如此。不過再以卦象中的多空架構角度觀察,發覺卦象中的多方氣勢十分明顯,雖然卦象中的空方壓力動作沒有停歇,不過由於卦象中的多方後繼力道也明顯,即便並沒有出現積極的行為,但對於空方壓力的舒緩已然提供了心力,因此整體盤勢未必會出現如專家們所說的如此不堪。

整體來說,盤勢會以震盪區間的方式發展,高點容易出現在第四季初,次高點則容易落在第二季。卦象中的關鍵數字為5和4,因此大盤容易在45000點上下4000點震盪,而要上5萬點只是時間的問題。

【水山蹇】是2025年那斯達克指數走勢卦象。這一卦說的是困難

奇門遁甲易經論股　　63

和窒礙難行，這是四大難卦之一。對於事務的執行而言，這是個絕對不吉利的卦象，代表的是進退兩難。只不過值得一提的是，這世上的萬物，沒有所謂的絕對性，絕對的吉利和絕對的不吉利。因此凶卦也有善的一面，好的卦也有惡的一面。就此【水山蹇卦】來說，本來是個不吉利的卦象，不過在卦序氣數的排列下，出現了微妙的轉機，代表有困難，但反而會成為難得的機會。對於投資求財而言，自然也是如此。

再以卦象中的多空架構角度觀察，發覺卦象中的多方氣勢雖然不明顯，但依舊力爭上游。倒是氣勢十分明顯的空方，反而沒有直接影響多方，並且還在暗中釋放善意。就卦象而言，影響那斯達克指數表現最大因素來自於國際外界，尤其是主權與種族爭議的地緣政治問題，將會是最大因素。

整體看來，2025年的那斯達克依舊值得投資，尤其是下跌的時候執行進場接，並且是大跌大接。小跌小接。春天的財利較為豐富，夏季容易見到高點，秋天逢低承接營造冬天的短線財利。

【火雷噬嗑】是2025年費城半導體走勢卦象。這是個充滿但書的卦象，代表的是調整策略才有機會營造預期的好結果。對於事務的執行而言，代表快速調整，快速獲益。此種現象也同樣會出現在2025年的整體走勢與投資價值上，雖然走勢明顯溫吞，但投資價值容易在短線震盪中獲得營造。再以卦象中的多空架構角度觀察，發覺卦象中的多方不但氣勢明顯，同時也動作頻頻，因此可以預期的是，費城指數還有機會繼續上漲，至於是否創新高就沒有那麼重要，重要的是費城依舊是2025年值得投資的版塊。支撐的內容包括了產業題材與轉型消息，財利宜第二季為佳，秋季宜掌握調節納財契機點，冬季看空不空。

歐洲 → 危機會得到舒緩，政策會隨著市場的變化浮現

【澤天夬】是2025年歐洲經濟走勢卦象。這一卦說的是抉擇與排除，而且是具有決心的作為。對於事務的執行而言，代表的是到了臨界點，該做出關鍵性抉擇。對於投資求財而言，也是如此。再以卦象中的多空架構角度觀察，發覺卦象中的多方氣勢並不理想，而空方氣勢明顯，並且動作頻頻。按理說這是個不理想的卦象結構，不過幸運的是，由於空方與多方之間出現微妙的互動，因此即便影響經濟的市場訊息接踵而來，【澤天夬】反而展現了危機會得到舒緩的現象。

根據媒體報導，荷蘭金融巨頭ING的高級經濟學家巴特‧科琳（Bert Colijn）表示。「歐洲經濟就像塞納河的水質，有時看起來不錯，但整體來說仍有很多令人擔憂的問題。」然而就卦象的角度來說，相對的政策將會隨著市場的變化逐步浮現，因此歐洲2025年的經濟變化無須過於罣礙。

中國 → 第一季值得加碼運作，進入第二季見好便收

在撰寫中國經濟的當下，正巧是華為三折疊手機（HUAWEI Mate XT）轟動上市的時刻，姑且不論手機銷售情形，以及是否昂貴到一般人無法入手等報導，華為三折疊手機的上市似乎已經告訴國際世界，華為已經突破的美國封鎖。也將「中國製造2025」的概念已然逐步落實了。雖然果粉依舊是果粉，對於iPhone16，具有強大的期待，但依照這樣的情況繼續推演下去，「中國製造2025」終將成為壓垮手機市場霸主的最後一根稻草。

【風澤中孚】是2025年中國財經走勢卦象。這一卦說的雖然是誠

信，不過卻也隱藏著一個訊息，那就是隨機應變，順時而為，順勢而動，和2025乙巳蛇年的開運特質十分相符。對於事務的執行而言，卻也在透露出另一種訊息，那就是「放下堅持，務實地回歸現實」。對於做為2025年中國經濟寫照的卦象，【風澤中孚】十分貼切與順合。因為就在占卜的當下，中國最高層為什麼突然轉變立場，釋放降息又降準的訊息。挽救經濟與房市的企圖不言而喻。

再以卦象中的多空架構角度觀察，發覺卦象中的卦氣運行軌跡，無礙於多空，處處都見得到人為的痕跡。所透露出的主要訊息是「非常時期，必須要用非常的手段與策略」，卦象和現實現象不謀而合。就卦象而言，2025年的中國經濟未必會出現大問題，反而突顯巴菲特「危機入市」的理念。此種現象其實已然在中國央行宣布降息又降準之際，亞洲股市隨之攀升。

龍年全球股市果然如期出現龍騰虎躍的走勢，都出現V型反轉走勢，台股出現在2024年8月，而上證則是出現在9月。現在進入2025年投資人最關心的應該是，此種戲劇性的演出力道還可以延續。中國央行「近4年最大幅度」的降息降準，將發行近3兆人民幣的特別主權債務，如此「下猛藥」一連串刺激經濟方案，期望所設定的GDP成長5%的目標可以如期達成。

為搶救A股，人行首創兩項「結構性貨幣政策工具」，人行強調這兩項政策的5,000億元加3,000億元，都是用來投資股市。人行行長更說：「我跟（證監會）吳清主席說了，只要這個事情做得好，未來可以再來5,000億元，或者第三個5,000億元，我們（的態度）是開放的。」如此看來，2025年的中國股市投資將會是充滿活力與財利。

【巽為風】是2025年中國上證走勢卦象。這一卦說的雖然是隨風飄動，然而也代表靈活運作充滿生機。對於事務的執行而言，則代表

順勢而為，而投資市場也代表順市而為。再以卦象中的多空架構角度觀察，發覺卦象中的多方氣勢不但明顯，同時也出現獲得激勵而充滿生命的跡象，再加上卦象中的空方，因為卦象中政策元素的運作，而出現微妙的轉機，這是種值得積極運作的訊息。

就卦象而言，此種多方態勢將會從2024年的第四季，一直延續到2025年的第三季。第一季與第二季都值得加碼運作，進入第二季就該準備執行見好便收的策略，即便後續依舊充滿利好聲音。

| 原物料布局 |
黃金、石油、原物料

黃金 → 金價持續看漲，留意見好便收

黃金還會漲到什麼時候？相信這是目前很多人的問題。

根據研究報導，黃金於2024年數次創下新高紀錄，黃金的表現甚至強過於主要股票的指數，因此研究報告中指出，市場對於黃金的未來期待是持續樂觀的，並且認為還有更多上漲空間。

黃金的狂漲自然是許多原因所造成，通膨風險意識增加、物價上升、聯準會降息、國際地緣政治衝突升溫，以及規避風險，促使金價攀高突破了歷史紀錄。市場預期聯準會將降息，黃金價格持續走高已成板上釘。有許多投資機構就認為，金價將持續看漲，2025年更將突破3000元。

不免有人會問，金價走勢真有如此樂觀，會一路漲上去嗎？讓我們用易經卦象來做另類的解讀與預測。

有意思的是，就在市場預期金價持續漲翻天之際，2025年黃金走勢卦象，卻也占得了本來就具有上升意涵的【地風升卦】。是的！既然說的是「升」，那自然就是「上升」了，並且是如風一般的上升，而這裡所指的「風」，就是市場趨勢、消息面和群眾的集體情緒與意識。

　　不過值得觀察的是，由於這一卦的氣數排列出現不宜過度熱情的現象，因此多頭的追逐恐怕還是要謹慎，以及資金的配置也以活絡為宜，畢竟金價已經漲到超過歷史，並且創造歷史。再加上，根據卦象中的多空架構觀察，發覺金價的確會再度攀高，只因為卦象中的多方氣勢明顯，並且在推升漲勢創造歷史，但值得關注的是，多方的後繼力道並沒有同步跟上。因此就卦象觀察後的發覺，金價的確在2025年繼續上漲，不過當金價觸及3000元就該見好便收了，雖然3200元值得期待。

　　【水澤節】是2025年白銀走勢卦象。這一卦說的雖然是節度與規律，不過最重要的是，白銀容易托黃金的福水漲船高。因此也出現與黃金一樣的訊息，那就是繼續攀高，但還是需要機點的掌握。

石油 → 前進遇到阻礙，檢視後再出發

　　石油輸出國組織（OPEC）曾在2024年發布月報，再度下修全球石油需求展望，只因為出國房市趴下來了，以及中國新一輪經濟數據，顯示景氣持續低迷，是拖累石油市場需求前景的最大因素。再加上，液化天然氣卡車和電動車日益普及，對汽、柴油消費需求有負面影響，因此恐難見到強勁需求成長。

　　有意思的是，就在國際市場普遍認為油價即將下跌的時候，卦象占卜2025年的原油走勢占得了【水雷屯卦】，這一卦說的是溫吞、囤積，對於事務的執行而言，代表的是前進遇到了阻礙。這個時候較好

的策略就是停下腳步檢視後再出發。對於2025年石油投資求財而言，自然也是如此。

再以卦象中的多空架構角度觀察，發覺卦象中的多方氣勢雖然明顯，卻因為缺乏展露的空間而興嘆。只不過再仔細觀察，發覺雖然整體經濟的需求的確減緩，不過政策主導才是真正的走向。就投資求財的角度來說，石油投資求財短線上依舊有利可圖，只不過卦象的建議獲利後轉移投資標的，亦即將整體籌碼的分配給予多元計畫。

黃豆 → 有機會提高產量，籌碼擺放在衍生性標的上

【天火同人】是2025年黃豆走勢卦象。這一卦說的是同心協力，對於事務的執行而言，這是個理想的好卦，因為可以借力使力少費力。不過對於投資求財而言，恐怕就不是如此了，只因為【天火同人】在投資市場上代表的是劫財卦。

對於黃豆的漲跌，通常都和天氣有關。乙巳蛇年的太歲氣勢屬於晴朗有加的流年，比較起往年這是有利農作物豐收的一年，而就這個卦象來說，也是如此。2025年影響黃豆的天氣似乎並不差，因此有機會提高產量，或許因為如此價錢並不重要，重要的是將籌碼擺放在與黃豆相關的衍生性標的上。

玉米 → 第三季價錢較不理想，適合逢低進場

【天山遯】是2025年玉米走勢卦象。這一卦說的故事背景是，一隻長滿肉的小豬在逃跑，對於事務的執行而言，最為貼切的描述，那就是見好便收與急流勇退。對於投資求財而言，雖然也是如此，但此

種描述卻不適用於「大宗物資」的玉米上。

　　就卦象的氣數排列角度觀察，發覺玉米的價錢恐怕不容易拉上，因此有一種肥了下游，瘦了上游的現象。對於與玉米相關的商務標的屬於利多，但對於玉米的直接投資恐怕就要多費心思了。

　　再以卦象中的多空架構角度觀察，發覺卦象中的多方十分不明顯，代表玉米的價格在2025年明顯不理想，而卦象中的空方氣勢不但明顯，還動作頻頻。就卦象而言，價錢較不理想的時段容易在第三季發生，而這個時段也是逢低進場的時候。

小麥 → 看市場吃飯，影響最大的是地緣政治

　　【坤為地】是2025年小麥走勢卦象。這一卦說的是平順、常態，對事務的執行而言，代表的是平常心面對事務，循序漸進，按部就班，以合作的方式執行容易得到貴人的幫助，堅持己見的特立獨行，則容易辛苦無成。對於投資求財而言，自然也是如此。不過對於原物料小麥走勢來說，反而比較多的成份是在看天與看地吃飯，以及看市場吃飯，那就是通膨和地緣政治，而影響最大的還是「地緣政治關係」。

　　占得此卦的市場雖然是平順的，但利頭卻也是有限的，不過就平安平順就是福的角度，這是個吉利的卦象。再以卦象中的多空架構角度觀察，發覺卦象中的多方氣勢並不明顯，而卦象中的空方，不但氣勢明顯，並且還動作頻頻，然而由於空方並沒有直接傷害多方。因此就卦象而言，這一年的的麥賤傷農才是影響整個市場的關鍵因素，因為【坤為地】同時也在顯示每個國家都在想辦法保護自己的農民。

匯率走勢
美元、歐元、人民幣、台幣

美元→強勢貨幣,投資以多元為主要策略

【水雷屯】是2025年美元走勢卦象。這一卦說的是囤積或積累,是一種屬於缺乏運作空間的囤積,因此【水雷屯】大多數時間被認為是不吉利,而備嘗辛苦的卦象,因此占得此卦的事務運作,有必要停下腳步,調整一下策略再前進。對於投資求財而言,自然也是如此。再以卦象中的多空架構角度觀察,發覺多方氣勢雖然佳,代表美元的強勢貨幣角色並沒有改變,美元的強勢仍具韌性。

從市場角度來說,一般都會認為,一旦聯準會降息,美元指數將會走弱。不過從【水雷屯】卦象角度看來,卻沒有必然關聯。再從卦象中的財利角度觀察,發覺美元在2025年容易成為主要套利貨幣,此種現象尤以新興市場為甚。至於市場上的一種聲音,那就是做空美元,就卦象角度觀察,的確有其運作空間,不過將會以中長期為佳,畢竟【水雷屯】的運作空間不大。換言之,即便因為政策而走弱,對於手中投資籌碼的分配,還是宜以多元為主要策略。

歐元→有所為而為,任何反應有按照劇本演出的味道

【天澤履】是2025年歐元走勢卦象。這一卦說的是戰戰兢兢,步步為營。對於事務的執行而言,同時也代表以柔克剛,借力使力少費力,四兩撥千斤。對於投資求財而言,也是如此。只不過此處所借的力是大環境,以及國際財經政策與局勢變化的力量。

奇門遁甲易經論股　71

再以卦象中的多空架構角度觀察，發覺卦象中的多方氣勢十分不明顯，而空方相對氣盛，可以預見的是，歐元在2025年的表現容易以趨弱的方式呈現。

不過有意思的是，由於卦象中的空方一直在釋放善意，而釋放善意位置出現在國家級的位置，因此2025年歐元的強與弱，完全掌握在歐洲區的財經政策單位的手中。換個角度來說，【天澤履】這個卦象的另一個主要意涵，那就是「有所為而為」，不論是強還是弱都是設好目的的作為，而且任何反應都具有按照劇本演出的味道。

人民幣 → 氣勢下半年較強，和美國經濟成長有關

中國央行一連串的刺激經濟方案出爐，對於市場而言是一股強大活水。同時也隨著市場對聯準會降息預期的重新定價，以及美國國債殖利率的全線下跌，人民幣兌美元匯率與其他亞洲貨幣一起走強。而中美收益率負利差縮小，減輕了人民幣不小的壓力。

【雷火豐】是2025年中國人民幣走勢卦象。這一卦說的是豐盛、豐富與豐碩，是一種吉利充滿的象徵。對於事務的執行而言，代表的是喜悅與快速，過去不理想的現象，容易在占得此卦之後快速復甦，這是個十分理想的好卦象。對於投資求財而言，雖然具有相同現象，不過就卦象中的多空架構角度觀察，又將出現不同樣貌的發現。

就卦象的氣數排列角度觀察，發覺這一卦的所有利好能量都來自於政策單位，因此投資人對於中國政府的做多經濟策略不宜置疑。

再就市場角度來說，人民幣急升存在三大宏觀基礎，一是美元指數回落，二是國內穩增長政策加碼，三是貿易順差新高，還有日元升值也是人民幣急升的觸發因素之一。

就卦象的觀察，人民幣的氣勢會以下半年較強，此種現象應該和美國經濟成長的優勢將在 2025 年下半年恢復有關，值得成為投資人的參考。

台幣 → 繼續看貶，多方後繼力道不理想

【雷澤歸妹】是2025年台幣走勢卦象。這一卦說的是凡是按部就班，不疾不徐，依照該有的步調與節奏進行。這一卦的故事背景，說的是嫁女兒的故事，「歸」就是歸寧。女兒出嫁大事，務必依舊禮法進行，例如說媒、下聘、訂婚、合婚、開帳、嫁娶……是急不得的。不過這個卦象中的女兒，十分焦急，急著想結婚，因此不合規矩與禮法。

就這個角度來檢視台幣於2025年的走勢，就十分貼切。台幣的升與貶從來就不是台灣說了算，就像女兒出嫁也不是像現在的女生一樣，自己說了算。台幣的升與貶攸關我們對外的外銷與材料內銷有很大的關係。

從卦象氣數排列的角度觀察，發覺2025年的台幣有繼續貶值的空間。再以卦象中的多空架構角度觀察，發覺卦象中的多方氣勢並不理想，也不明顯。再加上，多方後繼力道也不理想，因此台幣繼續看貶成為市場的共識。就卦象中的關鍵數字為2和3看來，台幣對美元容易在32元上下1元的幅度震盪，甚至有機會見到33元，值得投資人參考。

乙巳年

奇門基因風水

奇門基因風水總論

九紫運第二年，需要強而有力的風水布局

金蟬脫殼是什麼概念？脫胎換骨又是什麼概念？蛻變的大機會出現了，值得積極掌握。讓家運、財運與事業運旺20年的超強旺運密法，你想知道嗎？

　　陽光普照是2025年乙巳太歲星五行架構的絕佳描述。仔細觀察發覺乙巳太歲為這個世界帶來財源祿吉星、創業吉星、財祿吉星和官貴吉星等吉星，這是個機會滿滿、財富滿滿、官貴氣滿滿，讓人很想邁開大步追逐名利的流年。但可惜的是，由於太歲五行結構中缺了「福氣星」，因此是典型「動有餘而靜不足」的流年。白話地說，那就是有很多大展身手和發財的機會，但卻不一定會把錢與成果給攢下來。

　　無獨有偶的是，2025年的天象結構也出現了相同的現象，那就是許多重量級行星都在2025乙巳年出現巨大的變化。木星於6月中過宮，土星、冥王星、海王星和天王星都在這一年轉移陣地，並且都在雙魚、白羊、金牛、雙子之間徘徊，這些都是代表欲望出發的基本宮位，因此展現的同樣是動有餘而靜不足。最值得注意的現象是，2025天文年出現百年難得一見的現象，那就是金星和水星以逆行會相的方式開啟序幕，這是絕對不可輕舉妄動的寫照。

　　風水更是如此。2025是九紫運的第二年，九紫的「離火」遇到了太歲的「巳火」，右弼星「催貴趕煞」的焦躁特質受到了極大的提升，所展現的同樣是「動有餘而靜不足」。

　　再從流年九星風水角度觀察，發覺這是「二黑病符星」主事的一年。「二黑病符星」是一級凶星，代表的自然是疾病、病痛、精神不濟等健康狀態，由於「二黑病符星」屬於坤卦，因此和家庭與家產有

關，未經有效轉化容易出現家庭不睦，夫妻失和等現象。而這將會是2025年世界整體氛圍的寫照——福澤不足、有財無庫、有氣無力、辛苦難成，因此需要強而有力的風水布局。

「龍穴」是自古以來達官顯要的最愛，同時也是長久以來被用來興旺國運、家運與福祿運的利器法寶。「龍穴」除了在山巒氣脈上尋找，也出現在每個居家、公司、店面、工廠的空間，由於方位卦氣不同，氣勢也截然不同，但經過發覺並精心布局後的「龍穴」，肯定可以改善2025年「二黑病符星」主事的凶相，以及「福澤不足」的流年風水遺憾，並且讓家運、財運與公司事業運旺20年，相關策略密法請詳閱風水開運篇。

巽	離	坤
東南方 一白 貪狼星 【官貴星】	正南方 六白 武曲星 【貴人星】	西南方 八白 左輔星 【大財富星】
正東方 九紫 右弼星 【吉慶星】 （震）	中宮：中央 二黑 巨門星 【病符星】	正西方 四綠 文昌星 【智慧人緣星】 （兌）
東北方 五黃 廉貞星 【關煞星】	正北方 七赤 破軍星 【小人星】	西北方 三碧 祿存星 【劫財星】
艮	坎	乾

奇門基因風水

正北方 擺放陰陽水，化小人為貴人

化小人為貴人，風水該怎麼布局？據說有提升競爭力與知名度的風水局，該如何擺設？

這個世界最不缺的就是小人，這是職場上的共識。但有些時候，小人未必是真正的小人，也許是上帝派來激勵我們的人，就是因為有這位小人的刺激，反而獲得了振奮的激勵。

世界最可怕的小人有一種是「人前握握手，人後下毒手」的偽君子，防不勝防。另一種，是自己內心世界的負面聲音，這是最難搞的小人。而有一種小人反而值得尊敬，那就是擺明就是小人的小人，那是真小人。

有一種說法值得參考，也是陶文老師經常執行的方法，那就是「想要擁有很多貴人，就先成為很多人的貴人」。「九星派風水」的說法最值得參考，那就是只要將住家和辦公室空間的小人星處理好，方位布好風水局，就有機會化小人為貴人。每一個屋宅與空間都有小人位與小人星，先認識再來紓解。

「七赤破軍星」飛臨的地方就是「小人方」，務必給予適當的化解，只不過由於每個空間的方位五行不同，因此「小人位」的「小人星」特質也大不相同，因此化解策略也有所異。可以先從每年流年「小人星」、「小人位」著手，亦可保安康。值得一提的是，由於「七赤破軍星」的對應卦為兌卦，除了有「肅殺劍鋒之星」的稱謂，同時也代表「血光之災」。

奇門風水開運策略

「七赤破軍星」五行屬金，2025年飛臨「正北方」，因此多了「金白水清」的特質，也因此在「正北方」擺放「陰陽水」，可化解「七赤破軍星」的肅殺戾氣。「陰陽水」的缸內除了陰陽水（自來水與冷開水各半）、五行水晶石、6個1元硬幣，還有就是銅錢草，既化解了煞氣，同時催旺隱藏的財富之氣。

另外隨著居住主人與辦公室營業項目，與對應外局的環境外形物件相呼應，容易得到有利的風水回應，而在室內擺放不同形狀的擺件，也有相同的效果，將會明顯旺事業與提升在該業界的地位。

● 內外局風水形狀與擺件的克應

1. 醫院、藥局、藥商、藥材、健康器材、健康食品等與健康有關的行業，宜擺放葫蘆型的物件，真實的葫蘆可，更可擺放葫蘆造型的「黃金聚寶盆」，有名氣了，財氣自然旺盛。
2. 除非是肉販或屠宰業者，請不要擺放刀刃形狀的擺件，不過外科醫師則例外。
3. 工藝品、工匠之家、工具、器具等行業者，宜在正北方擺放鉗形礦石或職業器具，具有讓業績興盛的作用，成為難求的良匠。
4. 出版、圖書、文職行政官、公司主管、需要增員的團隊與行業，宜擺放旗幟之物，再用電扇吹動旗幡，可強化領導魅力。但一般住家不建議出現旗幟之物，因為容易出現叛逆性格的家人，也就是所謂的「逆子」，不可不知。
5. 不宜懸掛層層疊疊的山巒圖畫與照片，因為容易遭遇小偷、竊賊或莫名危機感，久了就容易出現罹患「被害妄想症」的家人與成員。

值得溫馨提醒的是，上述的位置是在正北方。

西南方　擺放黃金福祿聚寶盆，提升財富能量

聽說2025乙巳蛇年是「有財無庫」的流年，我們要如何聚財？古書記載每個屋宅空間都有兩種「龍穴」，真的嗎？而聽說今年的流年「大財富位」又是「龍穴位」，在哪裡？三分風水七分做，這個「發財龍穴位」要如何布局呢？

2025乙巳蛇年是個「有財無庫」的流年，乙巳太歲星提供了「財源祿吉星」和「正財祿吉星」的大能量，代表的這是個充滿賺錢機會的一年，因此投資求財與商務買賣都值得加把勁努力賺錢。不過可惜的是，由於乙巳太歲星的五行架構中，並沒有見到財庫的蹤跡。在這個「有財無庫」的流年裡，努力賺錢的同時，千萬別忘了為自己營造有利的風水財庫。

就乙巳年的「風水九星」的足跡看來，西南方五行屬土的坤卦位，本來就是代表家庭運勢的地方，今年多了五行屬土的「八白左輔星」飛臨，於是一種「發財滾滾，賺錢穩穩」的能量出現了。九星中的「八白左輔星」本來就是具有守財功能的「大財富位」，因此想要守住流年財富，「八白左輔星」飛臨位置的風水局就顯得十分重要了。

五行屬土的「八白左輔星」在乙巳蛇年飛到了西南方，和相同五行的「二坤卦位」相遇了，也結合了。於是一種圓滿合十的大能量形成了，這就是乙巳蛇年的超級大旺位，而這也是古風水學中的「龍穴位」，根據古書記載每個居家和辦公室空間都存有兩種「龍穴」。2025

乙巳蛇年西南方的流年龍穴位，最好的策略就是擺放「黃金福祿聚寶盆」，既守住太歲星的財富，同時也提升住家與辦公室的財富能量。

奇門風水開運策略

「八白左輔星」是顆貴人星，同時也是顆具有聚財富的「大財富星」，因此一般人都給予「財庫星」的稱謂，只因為「八白左輔星」飛臨的地方只要做好聚財富的風水布局，就有機會發田產，旺財富。2025年「八白左輔星」飛到西南坤卦位，於是形成的「合十旺方」的大能量，再加上西南方正巧又是乙巳太歲的「歲合方」，因此在此除了布「發財局」，同時也可以布旺家宅的「龍穴局」。

● 聚財富

1. 擺放「黃金福祿聚寶盆」：黃金色澤大肚收口的陶瓷，形狀以圓形或無限聚財的葫蘆型為佳，需要蓋上蓋子避免財氣耗洩。內置100顆硬幣，1元到50元都需要，代表大小通吃。再加上一顆自然水晶、黃金虎眼一葉致富石、白水晶、白瑪瑙、黃金回頭祿或開運錢母，總數為101，代表滿分後的再突破。

2. 懸掛形如流水，嬌柔而充滿生命力的植栽，那就是「串錢藤」：象徵財富源源不斷而來。但由於「串錢藤」過於嬌貴不好照顧，也可種植「銅錢草」或「黃金葛」。

3. 擺放「陰陽水」：山主人丁，水主財。「陰陽水」發正偏雙財，圓形玻璃魚缸，缸口波浪形，內置八分陰陽水（自來水與冷開水各半），與五彩水晶琉璃石、6個1元硬幣，以及黃金葛或銅錢草。

● 名利雙收、富貴並臨

擺放「水晶琉璃雙鰲護寶神龍穴」，營造富貴並臨，名利雙收的大風水局。

正東方　點官貴燈，營造龍穴氣場

　　天下武功唯快不破，科學時代時間就是金錢，希望有快速發酵的風水布局。風水布局不但要發得快，發得順，更要發得更穩、更長久。開疆闢地，扭轉乾坤的風水布局，就在今年的正東方。

　　寅做卯發，這是一種立即發福，富貴驟顯的描述，在風水布局中更是能量快速發酵的現象，並非故事也不是傳說。事實上，此種許多人的夢寐以求，想要實現並不難，只需要天時地利人和到位，立竿見影的風水感應是可以運作的。不過也要提醒的是，一旦運用錯誤的布局，所招引的負面能量也會快速發酵，而此種現象與「九星風水派」中的「九紫右弼星」息息相關。

　　「九紫右弼星」是顆具有大好大壞特質的星曜，其五行屬火，性焦躁，遇吉則吉，遇凶更凶，被稱為「催貴趕煞之神」。就是因為此種剛烈的火性，因此風水的運作是必須的，因為只能吉、不能凶。這就是許多時候，許多人明明無風無浪，卻突遭災厄的原因，也有人莫名好運連連。

　　目前是九離運的開始，2025年是第二年，更是將「離火」的能量做最大發揮的「巳火年」。這一年「九紫右弼星」飛臨的正東方，成為了十分重要的風水布局關鍵，因此稱之為「下元九紫離運」的「龍穴」位，一點兒也不為過。再加上，正東方又是「乙巳太歲星」的「歲祿位」，讓我們一起為自己、為家人、為公司構築「寅做卯發」

的風水大能量吧！

奇門風水開運策略

「九紫右弼星」五行屬火，喜歡木來相生與火來助益，還有火星來放大風水大能量。因此今年的正東方可採用水、木、火並用的開運策略，至於如何運作讓我們一起看下去。

迎接旺氣結穴，營造「龍穴」氣場，旺貴人、事業與財富。2025乙巳蛇年的「九紫右弼星」飛臨正東方，讓「九紫右弼星」的超級能量，得到超級倍數的擴張，正東方絕對是營造未來20年旺運的「龍穴」，想要接納這股旺20年的大能量，也讓此大能量就在自家與公司的正東方結穴，務必安奉特別製作與開光的「水晶琉璃雙鰲護寶神龍穴」。

● 五行相生有序，財富綿綿不絕
擺放陰陽水，圓形玻璃魚缸，缸口波浪形，內置八分陰陽水（自來水與冷開水各半），擺放6個1元硬幣與五行水晶碎石，再加上黃金葛或銅錢草，缸口繫上紅色緞帶。五行相生有序，讓財富綿綿不絕。

● 前程似錦、貴人如雲、好運如雨
正東方保持乾淨、明亮，並且在「水晶琉璃雙鰲護寶神龍穴」加上底座燈，成為「龍穴官貴燈」，事業發展將會更加順遂。當然「官貴燈」還是可以用檯燈、壁燈、鹽燈與吸頂燈，24小時點亮，事業前程似錦。

● 水、木、火並用的開運策略
水的部份是「陰陽水」；火的部份是「水晶琉璃雙鰲護寶神龍穴」加上底座燈，成為「龍穴官貴燈」；至於木的部份，則是安置「龍穴」，以及養殖「長壽菊」或「羽狀福祿桐」。

奇門基因風水

東南方　擺放橄欖石，招賢納士提升事業運

你是否知道名利雙收與富貴並臨這個期望，風水布局可以幫上忙？可以提高找到優秀的員工與事業夥伴，招賢納士的風水布局，你一定要知道。職場人緣很重要，口碑更重要，希望風水布局可以幫上忙。

「士人得祿，庶人進財，財丁兩旺」這是古書上對於「一白貪狼星」的記載描述。看起來的確符合「第一號吉星」的檔次，說的是「事業人士可以得到祿神的眷顧，尤其是事業上代表成就與貴人的『官貴祿』，即便是一般人也會如願進財、發財富，並且是富貴並臨與名利雙收」。如此看來，「一白貪狼星」真的是顆不可小覷的吉利星曜。

「一白貪狼星」五行屬水，是顆聰慧的星曜，也被稱為「官貴桃花星」，因此除了代表事業成就之外，同時也代表職場上的「人緣星」，想要在事業職場上左右逢源，長官部屬都喜歡，居家與辦公室的「一白貪狼星」位置，絕對需要好好地布旺運風水局。

2025年「一白貪狼星」飛臨「東南方」，這個方位是「先天的桃花位」，同時也是乙巳太歲星的太歲星、天德星與月德吉星並臨的位置，對於想要創業的人與準備開創新局，以及希望開創新局的一般人，還有事業處於轉型路口的企業家，這個位置的布局非常、非常、非常地重要。

奇門風水開運策略

　　2025年「一白貪狼星」飛臨「東南方」，形成了「九星風水學」中最為吉利的「一四同宮」，水木相生，生氣盎然。只不過，如果不明白乙巳蛇年東南方的吉凶交參，而一昧地迷信「一四同宮」恐怕就要誤了大事。在流年氣息中乙巳年的東南方，既是太歲方，同時也是歲煞方，再加上桃花星猖狂，反而容易激起「一白貪狼星」的凶應，那就是「官非不斷、小人危害、有志難伸」，得到的是臭名遠播的壞人緣。

● 旺貴人，興人緣

擺放陰陽水，圓形玻璃魚缸，缸口波浪形，內置八分陰陽水（自來水與冷開水各半），擺放6個1元硬幣與五行水晶碎石，再加上黃金葛或銅錢草，缸口寄上紅色緞帶。五行相生有序，讓財富綿綿不絕。最重要的是，必須用紅色的絨布、底盤或紙張作為水缸的底座，否則難免「先吉後凶」的尷尬命運。

● 身貴名揚、富貴並臨、名利雙收

古書說「名揚科第，貪狼星入巽宮」，同時也說「一四同宮，水生木旺，生旺文章顯世，科甲聯芳，身貴名揚」，東南方點一盞「富貴長明燈」是必須，可以用鹽燈、檀燈、立燈、壁燈或加了七星底座燈的「水晶琉璃雙螯護寶神龍穴」，並且24小時點亮。

● 招賢納士

擺放橄欖石、石榴石或懸掛石榴果的圖片，亦可懸掛百子圖。辦公室的桌上可以擺放地瓜盆栽（一般地瓜或彩葉蕃薯），企業主或高階主管則擺放白水晶簇。

● 運轉乾坤

1. 擺放陰陽水：可淨化氣場，用圓形玻璃魚缸，缸口波浪形，內置八分陰陽水（自來水與冷開水各半），擺放6個1元硬幣與五行水晶碎石，再加上黃金葛，缸口繫上紅色緞帶。五行相生有序，讓財富綿綿不絕。

2. 擺放特製小羅盤：內含廿四山、先後天卦、九星、六十四卦、玄空和奇門基因祕數。

中宮方

擺放黃金聚寶盆，旺財富化煞為權

　　健康是最大的財富，千古不變的定律。希望我的家可以注滿能量，愈住愈健康，愈住愈幸福。希望公司的業績可以袪除有氣無力的窘況。聽說2025年有一種風水布局，可以興家運，旺財富，真的嗎？

　　談病色變，疫情過後人類的健康意識抬頭了，對於健康願意投入超出預算的預算。2025乙巳蛇年的太歲氣勢中健康星氣勢不理想，再加上「二黑病符星」進入主導位置，因此整體社會最先關心的肯定是健康，畢竟有了健康財富才有意義。

　　「二黑病符星」是九星風水學中的一級凶星，最直接聯想到的代表自然是疾病。任何一個星曜都具有一體兩面的現象，即便是一級凶星也是如此。因此在「二黑病符星」屬於「坤卦」的情況下，自然同時也代表家庭和家產，當凶星的磁場由負轉正的時候，則代表可以興家創業，家運興盛繁榮。

　　在風水學的空間概念中，會將居家整個平面用井字化成九等分，亦即九宮格。在「九宮格」的中央區就是風水學中的「中宮」*，代表的是整體空間的樞紐，因此「二黑病符星」飛臨中宮，代表整體的氣息被「二黑病符星」所主導，因此務必給予化解的風水布局。

---

*「中宮」指的是屋宅正中央的位置。「飛星派風水學」中將屋宅空間劃「井字」，稱為「九宮格」。「中宮」就是位於「九宮格」的中央位置。對於家庭而言，其實「客廳」是家人共同生活的中心處所，因此「中宮」也泛指「客廳」。雖然「客廳」不一定位於「中央位置」，但不論在哪個位置都適合運用「中宮風水布局法」化解病符災厄並催旺家運。

奇門風水開運策略

　　「二黑病符星」五行屬土，房屋的中宮是「宅五黃」的位置，五行也是屬土，因此出現了「二五交加，土土加重，凶上加凶」的現象。金星是耗洩土星的五行，而金星的五行顏色是白色、乳白、金色、帝王黃，而這些就是布局中宮最好的顏色。

　　雖然銅與金屬的雕飾品具有紓解「二黑病符星」的土氣，不過由於中宮不適合擺放重物，因此可以改成白色的陶瓷飾品，例如白色的花瓶、白色的大象、白色的彌勒佛、白色的藝術雕飾。也可以擺放白水晶、白瑪瑙、水晶琉璃等，以及擺放可以驅除病氣與化解煞氣的帝王水。由於「二黑病符星」屬坤卦，因此當凶相化解得當，反而有旺田產、興家運與暗財富的作用，因此最為理想的開運策略就是在中宮擺放「黃金聚寶盆」。不但「化煞為權」，同時還「回嗔作喜」，解了災厄，旺了家運與財富。

● 化病為祥
　1. **擺放陰陽水**：可淨化氣場，用圓形玻璃魚缸，缸口波浪形，內置八分陰陽水（自來水與冷開水各半），擺放6個1元硬幣與五行水晶碎石，再加上黃金葛或銅錢草，缸口繫上紅色緞帶。五行相生有序，讓財富綿綿不絕。
　2. **擺放帝王水**：陰陽水不如帝王水，圓形透明容器如魚缸、玻璃杯，內置八分「陰陽水」，再加上兩匙「粗鹽」。缸底擺放白色碟盤，以便收取「帝王水」因磁場感應而生長到外面的結晶。
　3. **擺放特製小羅盤**：內含廿四山、先後天卦、九星、六十四卦、玄空、奇門基因和茅山祕數。

● 旺財富
　擺放「黃金福祿聚寶盆」，黃金色澤大肚收口的陶瓷，形狀以圓形或無限聚財的葫蘆型為佳，需要蓋上蓋子避免財氣耗洩。內置100顆硬幣，1元到50元都需要，代表大小通吃。再加上一顆自然水晶、黃金虎眼一葉致富石、白水晶、白瑪瑙、黃金回頭祿或開運錢母，總數為101，代表滿分後的再突破。

西北方 擺放文昌燈，化劫財為生財

財運雖理想，但守財不易，左手賺，右手就花完了，怎麼辦？操盤手氣不理想，想化解那突如其來的干擾，風水上如何布局？我們家財務部門正巧在西北方，就是今年的劫財位，要如何化解？

趨吉避凶雖是一句話，卻是兩個含意，一個是趨吉，另一個是避凶。這其中避凶比趨吉重要多了。風水布局就是一種典型的趨吉避凶，旺方、福方要先找到並且布局，但凶惡之方也不宜輕忽。就像想要變有錢，除了辛勤工作努力賺錢，更需要做的是如何消除劫財與破財，這不僅僅是開源與節流。

在「飛星風水派」中就有一顆被稱為劫財星的星曜，這個星曜的負能量如果沒有得到適當的化解，就好像財庫破一個洞一樣，再努力賺錢，再用力拜拜補財庫也是枉然。這顆星曜就「九星風水派」中被稱為「三碧祿存星」，祂就像流氓惡徒一般，強取豪奪，祂的人物代表就是蚩尤，性情暴躁逞凶鬥狠，因此當一個風水格局中「三碧祿存星」處於凶狀態的時候，所發生的事情不只是劫財而已，還有人際關係的敗壞，以及子孫極有可能無辜成為歹子。

「三碧祿存星」雖然性情焦躁，不過當風水格局布局得當，不但可以「化劫財為生財」，同時還有機會「化小人為貴人」，以及開疆闢地開拓事業版圖。這就是《天玉經》所說的「卯山卯向迎源水，驟富石崇比」。說到有錢人，台灣會說「林本源」或「王永慶」，香港

人會說「李嘉誠」，中國會說「富過馬雲」，老一輩人則說「富過石崇」。亦即如果將「三碧祿存星」所飛臨的地方做好風水布局，不但會「化劫財為生財」，而且會驟然發富貴。

對於想創業，或是事業想要突破瓶頸的人來說，「三碧祿存星」是最值得運用的風水能量。方法就用「香氛開運法」，依照「卯山卯向迎源水」的方式引動好運氣場。

奇門風水開運策略

「三碧祿存星」在2025乙巳蛇年飛到西北方，因此保險箱、財務部門、收銀櫃台、操盤室最好避開這個位置。如果無法避開，就得好好布化解之局。

「三碧祿存星」五行屬木，因此最大的忌諱就是擺放大型植栽盆景樹木，因為會強化劫財星的氣勢。最好的策略就是擺放「文昌塔燈」、「鹽燈」或「檯燈」，並且使用紅色或紫色布局西北方，個人則以隨身配戴「三元及第紫水晶福豆」為最佳化解寶石。為的是用火的意念去耗洩「三碧祿存星」的劫財木氣。

● 化解焦躁、車關、血光
1. **擺放粉紅色的布置**：如紅紫色花卉，紫晶洞和長明燈。
2. **擺放特製小羅盤**：內含廿四山、先後天卦、九星、六十四卦、玄空、和奇門基因祕數，搭配鹽山。

正西方 特製開運小羅盤，化解歲絕與官符

　　小孩的學業和考試十分重要，想布文昌風水局，怎麼做？希望布風水局，提升職場競爭力與晉升的機會。商務買賣與業務開發都很辛苦，希望可以辛苦有成，如意順遂。布文昌發財風水局，旺財、旺事業、旺子女運，一次到位。

　　文昌星一直以來就是被認為與智慧和文采劃上等號。事實上也是如此，文昌雖然在「飛星風水學派」中被認為是「平星」，但其特殊的福祿之氣卻不可小覷，《紫白訣》說「蓋四綠為文昌之星，職司祿位」，說的就是此種福祿的氣息。因此當屋宅與辦公室的文昌位布局恰當的時候，「文昌星」發揮的就是古代版的「登科甲第」與「加官進爵」，現代版的「升官發財」，而人緣桃花也獲得提升。

　　「文昌星君」也是財神爺之一，因此「四綠文昌星」飛臨的地方，也是可以催財致富的地方，因此在專業風水布局上也會在此處擺放催旺財富的聚寶盆，催的是「人緣財」與「智慧財」，旺的是「創作財」與「業務財」。因此商務買賣的企業與商家，以及百貨賣場、商店、餐廳，還有如果有家人在行銷業務部門任職，都有必要好好地布「文昌發財局」。

奇門風水開運策略

「四綠文昌星」的吉利的特質是升官發財，但也有其凶厄的負面特質，那就是「衰敗、不得志、遭小人、壞名聲、辛苦白費……」。再加上，2025年「四綠文昌星」所飛臨的地方正巧是「歲絕位」與「官符位」，因此還是信其有老老實實布風水局為宜。

「四綠文昌星」五行屬木，因此喜好水星相生與木星助益，由於正西方並不適合見到水缸，因此布文昌局就要多費心思了。

◉ 名利雙收：
擺放紫水晶球或洞，黑曜石球或礦石擺件，懸掛流水、海洋或瀑布的圖畫（水務必向內流）。

◉ 旺人緣和財源：
1. **擺放粉紅色的布置**：如紅紫色花卉，紫晶洞、粉水晶和文昌燈，或是加了底座燈的「水晶琉璃雙鰲護寶神龍穴」。
2. **擺放聚寶盆，發商務與智慧財**：顏色與材質最好是陶土與黃金，因此「黃金福祿聚寶盆」將會是最佳選擇。內置100顆硬幣，1元到50元都需要，代表大小通吃。再加上一顆自然水晶，黃金虎眼石、白水晶、白瑪瑙、金幣、開運錢母，總數是101，代表滿分後的再突破。

◉ 化解歲絕與官符：
1. **特製小羅盤**：內含廿四山、先後天卦、九星、六十四卦、玄空、和奇門基因祕數。
2. **粗海鹽**：一小碟「粗海鹽」或「瀉鹽」，一週更換一次，換下來的「鹽」可用來泡澡。

東北方

白色彌勒佛，
保平安化煞為權

　　希望越住越幸福，越住越平安，除了布旺運風水局，還要做些什麼？據說有一種隱形的煞氣必須化解，否則會影響家運與家人安危，真的嗎？家中有健康不佳的成員，有什麼地方不適合做為該家人的臥室？

　　古書記載「五黃土位鎮中央，威震八方，應廉貞之宿，號正關煞」。古書又說「其色黃，宜靜不宜動，動則終凶；宜化不宜剋，剋之則禍疊……」。

　　陶文老師不是在掉書袋，而是提醒這個千年來的不敢踰矩其來有自。白話地說，五黃煞五行屬土，鎮守在中央的位置，影響卻無遠弗屆，廉貞星又稱為正關煞，是風水布局中的第一大凶星。「五黃廉貞煞」飛臨的地方，務必保持安靜，大忌動工破土、修造之舉，更忌諱擺放振動、高溫、重物或噪音的物件。「五黃廉貞煞」需要用化解的方式布局，克制只會更加凶厄。

　　由此看來，「五黃廉貞煞」的極厄之象，寧可信其有。「五黃廉貞煞」五行屬土，依照五行特質，土氣需要金的五行耗洩，忌諱火五行添加凶厄之氣。根據古書記載，以及陶文老師47年來的經驗，觸犯「五黃廉貞煞」招惹爛桃花、橫禍、血光、損財富、莫名發脾氣損和氣、不明疾病等，是最常見到的凶厄現象，不可不妨。千萬不要不信邪，因為招惹的凶厄災難，是很難預料的。

雖然如此，這個世界上的任何物件與磁場，都具有吉凶一體兩面的特質。「五黃廉貞煞」雖然為極厄之星，不過祂的霸氣值得取用，亦即風水布局恰得其份，「五黃廉貞煞」反而可以幫助興家創業、發橫財、旺業績、田產與化煞為權。對於需要極大魄力的事務，獲得適當紓解的「五黃廉貞煞」，將會得到勢如破竹的感應。

奇門風水開運策略

「五黃廉貞煞」五行屬土，因為需要「金」五行化解煞氣，早期在「五黃廉貞煞」飛臨的地方，會懸掛銅鈴，但由於迷信的色彩過於濃厚，也未必符合美觀的要件，因此近期大多以金屬材質的擺件飾物化解「土煞之氣」。

2025年「五黃廉貞煞」飛臨到土氣沈重的東北方，可以說是凶上加凶，因此無論如何都要好好的布「化煞為權」的風水局。

● 化煞為權：
1. 水晶礦石：白水晶、白瑪瑙、黑曜石等礦石或球。
2. 雕飾擺件：金屬材質或白色陶瓷彌勒佛、金飯碗、花瓶、黃金回頭祿、鹽山等化煞為權物件。
3. 平平安安：金屬材質或白色陶瓷彌勒佛、花瓶、三顆蘋果（腐爛再替換），還有特製小羅盤。
4. 五鬼運財：雖然是「五黃廉貞煞」飛臨的位置，但在東北方「艮卦」位，「五鬼運財」反而值得大力布局。
五鬼運財製作法，擺放「黃金福祿聚寶盆」，盆前擺放一對黑曜石神龍龜，聚寶盆內則擺放100顆硬幣（幣值不拘，以數量為主），再加上「開運錢母」和「黃金虎眼一葉致富石」，營造圓滿再突破的意涵。

正南方　配戴紫水晶，招財迎貴人

　　貴人真的很重要，但我的貴人在哪裡？該如何遇到生命中的貴人？專家說「貴人不是等來的，而是自己創造的」，而布貴人風水局就是創造法之一。尊貴氣息是天賦，也可以是後天性格的養成，更可以從布貴人風水布局，提升家人的職場貴氣。

　　擁有職場貴人一帆風順，擁有長官貴人如沐春風，風水布局可以幫上大忙，「六白武曲星」就是可以幫上大忙的關鍵星曜。「六白武曲星」是一級吉星，是「事業貴人星」，其五行屬金，因此喜歡五行土星的相生，更喜歡金五行的相助。土星對於「六白武曲星」而言，代表的是穩健、計畫與團隊運作；而金星對於「六白武曲星」而言，代表的是尊貴的人際關係。因此「六白武曲星」的貴人風水局，提升的不只是貴人氣，而是整體的事業興旺氣息。「六白武曲星」的家鄉在「西北方」，因此每個家庭的西北方最好保持潔淨、光亮，任何缺陷與路沖都不利男丁與事業不可不防，而「六白武曲星」流年飛臨的地方也是如此。2025年「六白武曲星」飛臨正南方，正巧是「六白武曲星」的「先天故鄉」，同時也是下元「九紫運」的「文昌位」，於是一種「元運尊貴龍穴」形成了。

　　根據《天玉經》的記載「午山午向午來堂，大將值邊疆；」，以及「乾山乾向水朝乾，乾峰出狀元」，說的是2025年的「貴人風水局」，最好正南方和西北方一起運作，再加上「中宮」，不但可以營造出「大將」以及「狀元」，更可以提升自己公司市場的知名度。

奇門風水開運策略

　　2025年的正南方是乙巳太歲星的桃花位與文昌位，同時也是「九紫離運」的元運文昌位，再加上流年「六白武曲星」又飛到此處，正南方所呈現的熱鬧氣息是正向而尊貴的。「九星派學術」認為所有的吉星都是財星，因此身為一級吉星的「六白武曲星」，自然是絕佳的財富星，而飛臨的正南方也就成為了乙巳年的財位，此處的旺財風水局旺的將會是「貴人財」。

● **發貴人財：**
1. **擺放水晶礦石**：白水晶、紫水晶、紫晶洞、黃金虎眼石、鈦晶等，都是具有生助貴人財的功效。由於「乾金」需要「土星」的相生，因此黃色是理想的吉利色系，黃色系列的礦石水晶最為理想。
2. **擺放聚寶盆，顏色最好是金色（黃金福祿聚寶盆）**：內置100顆硬幣，1元到50元都要，代表大小通吃。再加上一顆自然水晶，和闐玉墨翠黃金回頭祿、黃金虎眼石或開運錢母，總數是101，代表滿分後的再突破。達到「發財有理，致富有方」的境界，而旺的是「貴人財」。

● **升官得利：**
1. **白水晶簇**：為的是凝聚共識與團結的氣氛，讓公司企業經營更穩健。
2. **馬上賺**：擺放「馬上賺」擺件或懸掛「馬上賺」圖畫。馬上賺，就是一批神氣風水馬，在臀部鑲有一個大鑽石。
3. **金飯碗**：金飯碗，代表的是事業金順利，仕途平坦，扶搖直上。也可以拜放「錢袋子」。

● **貴人明顯：**
擺放紫水晶或隨身攜帶三元及第紫水晶福豆、白瑪瑙花生與一鳴驚人珮飾。

乙巳年

奇門基因
12生肖

【生肖運勢總論】

2025乙巳蛇年布好風水局要財有財，要名有名

要財有財，要名有名，要事業事業成。
財祿吉星照拂，才華祿星高掛，官貴星能量源源不絕。
祿星拱照，三元及第，五福臨門，成為了乙巳蛇年的產出。
至於是否屬於你，還是為你所擁有，就要看你是否做好準備，以及是否已經布好承接「祿星拱照，三元及第，五福臨門」的風水局了。

　　時序進入乙巳蛇年，是九離元運的第二年。有道是「在天為龍，在地為小龍」，因此乙巳蛇年也就是甲辰龍年的延續。

　　根據《易經》「乾卦」的說法，當「飛龍在天」的時候，就要停下腳步檢視整理後再出發，否則繼續下去的結果只會是「亢龍有悔」。況且「九紫離運」是個「催貴趕煞」的元運，所有的事物都會以極快速的方式反應，此種現象讀者們不難從「九紫離運」的第一年（2024甲辰龍年）的快速震盪中獲得觀察。雖然許多「紀錄」不斷創新，不過由於甲辰龍是屬於雜氣土年，因此許多事物即便快速震盪，不斷衝新紀錄，但都處於短線的現象，而乙巳蛇年就不同了。

　　乙巳蛇年是「九紫離運」的第二年，「九紫右弼星」是具有「催貴趕煞」特質的星曜，此特質在乙巳年繼續存在，並且會以正式出發的姿態展現氣勢。再加上乙巳蛇年的太歲干支結構，是屬於天干的「乙木」生地支「巳火」的「天生地」型態。乙巳太歲星的結構是喜悅的，是陽光普照的，是心想事成的，更是值得積極行動為自己創造

幸福與財富的，只因為乙巳太歲星所攜帶的特質元素，都是屬於「祿神」級的元素，「五福」中的「祿神」就占了兩個。一是正財祿，另外一個是才華祿，也是「偏財源」的祿位，還有「官貴星」的發源地，也是啟動位，而這就是「祿星拱照，三元及第，五福臨門」的可貴之處。換個角度來說，乙巳蛇年只要做好準備，布好風水局，則要財有財，要名有名，要事業更有機會獲得事業的興盛繁榮。

就五行氣數的角度觀察，發覺整體太歲氣數中表面上雖然缺少「水星」的身影，不過對於澇害這件事千萬不可掉以輕心，因為大洪水就隱藏在其中呼之欲出，最容易發難時間將會出現在七月（甲申月）。在太歲五行的世界中，每一組「太歲干支」都存在著「幸運點」和「亮點」，只要善用五行特質，就沒有所謂的「喜」與「忌」的存在，這是整體宇宙中的真相，那就是每一種物質都有其存在的理由，我們一般人要做的是「物盡其用」的「善用」五行特質。而這就是為什麼，陶文老師的《2025蛇年開財運賺大錢》封面會使用「帝王黃」的原因。

對於個人而言，這些都是老天爺的饋贈，雖然生活中最需要的是「學習」，不過更重要的是「設定目標」。唯有先畫好靶，拉滿弓射箭，才有真正的意義，而才有機會營造流年人生的亮麗結果。這是個充滿喜悅與希望的一年，太歲星提供了「祿星拱照，三元及第、五福臨門」的饋贈，但是否為你所用，就要看讀者們到位的流年布局了。

2025年生肖運勢前三名：❶ 猴、❷ 羊、❸ 雞

強化文昌星氣勢，籌組事業團隊

萬事俱備，只欠東風，「東風」指的是準備好了所以等待機會，卻也在強調「借力」的重要。對於老鼠的蛇年來說，「東風」成為了一種關鍵大智慧。

亮點色系	幸運點色系	幸運數字	吉利方位
紅色、紫色、黃色、大地色	白色、綠色、藍色	6、4、1、8 及其組合	正北方、正東方、東北方

亮點色系：根據宇宙大自然或太歲星所提供較豐富的能量，充分運用會成為開運亮點元素與色系。
幸運點色系：流年運勢最需要補充與強化的元素與色系。

流年運勢

成功不在於盡力，而是借力。許多的成功者未必是因為有多強的能力，而是他有超然的意志力，以及懂得如何整合更多的資源，白話地說這就是所謂的「借力」，借力使力少費力。

文昌年是老鼠們2025乙巳蛇年的運勢代名詞，代表人緣能量明顯，而思維與機會也格外活絡，不過可惜的是，由於此流年文昌星的後繼氣勢並不理想，因此如果得不到正確而有效的運用與提升，恐怕容易淪為暴殄天物的遺憾。

事實上，老鼠們的蛇年文昌星帶著一個任務，那就是「智慧生財」與「財源廣進」，以及「富貴並臨」與「名利雙收」，直覺上這是個很棒的流年。不過可惜的是，流年文昌星的後繼力道需要獲得開

啟，而所攜帶的這些寶貴景象，也必須得到有效的掌握以免成為了海市蜃樓。

運用的策略，除了透過學習如何強化文昌星氣勢之外，同時也要為自己的大好機會做好行動計畫，以及籌組屬於自己的事業團隊，唯有團隊運作才有機會讓「富貴並臨」與「名利雙收」，成為延續性發展的實至名歸。

就流年神煞角度觀察，發覺老鼠們的乙巳蛇年是幸運的，因為擁有「月德貴人」的照拂。不過還是出現了觸犯「小耗星」的現象，因此還是需要學會如何妥善理財，只因為「小耗星」就是「暗劫財」的一種。而絕佳策略就是在居家或辦公室「正東方」的位置布守財風水局，擺放「黃金聚寶盆」與「龍穴旺財燈」，以及「陰陽水」，因為山主人丁，水主財。聚寶盆內擺放100個硬幣，從1元到50元或是外幣如英鎊、歐元、美金，100枚硬幣之外，再擺放一個開運水晶或飾物，達到101的圓滿境界。

事業運勢

如果你很想創業或轉型，你需要的是貴人和策略，否則即便機會再明確，商機也在招手呼喚著你，依舊容易望洋興嘆。換個角度來說，對於老鼠而言這是個財利豐碩的一年，同時也是創業當老闆的心想事成年。只不過由於老鼠們的流年處於財多身弱狀態，因此需要妥善籌劃與學習。雖然合作也是理想策略，不過這一年的合作對象卻需要謹慎挑選，因為極容易陷入遇人不淑的窘況。幸運的是，這些情況都可以透過學習和組建團隊的方式給予化解，合作遊戲規則與目標時程愈明確愈容易成功。整體而言，乙巳蛇年美好的事業值得期待與運

作，就從安排學習的機會開始。

財利運勢

正財星氣勢旺盛的蛇年，可以用「有利可圖」形容老鼠們的流年運勢。再加上正財星和官貴星處於同一個氣場位置，因此絕對是個有機會展現企圖心的流年，可以開拓夢想中的事業版圖，積極營造預期中的財富，不過由於「財源吉星」相對弱勢，因此唯有對自己的事業與發財機會給予轉變的策略與管道，豐盛的正財星才會如期入囊，而學習是最為理想的管道。

對於投資求財而言，研發性與未來發展性強烈的標的絕對值得關注，AI就是其中之一，另外小型金融股也值得投資。市場的氣氛十分重要，這樣的一年不在於如何賺錢，而在於如何布局，因此春天只要回檔都值得承接低點。

情緣運勢

蛇年對於華人事業而言，不是一個好年，認為蛇是一種邪惡的象徵，因此容易出現謹慎形式的建議，包括姻緣在內。對於男士們而言，的確如此，因為這是個偏緣星氣勢明顯的一年，而人緣磁場也同步活絡，因此需要妥善經營，以免遭到爛桃花的干擾。

女士們就幸運多了，由於正緣星氣勢明顯而穩固，再加上幫夫運與姻緣運更是理想，此種氣勢相當於「紅鸞星動」，因此這將會是個值得讓自己定下來的一年。值得一提的是，女性的對象不宜排除曾經從婚姻走出來或戀愛戰場上戰敗的男士，因為那才是會真正珍惜妳的

對象。

　　整體而言,情緣運勢女利於男,但男士也不宜過於沮喪,先構築好遮風避雨的愛的巢穴,同時,醞釀與儲備溫暖的磁場等待良人的出現。女士們布局好正東方、正南方的風水,男士們則以西南方與正東方為主要,詳細風水布局請參考「奇門基因風水篇」。

開運風水

　　本命文昌星明顯的今年,再加上金錢星與官貴星氣勢更加旺盛,這是個充滿機會和運作空間的一年。不過本命文昌星處於後繼無力的狀態,因此好不容易出現的延續性發展,這個時候的趨吉避凶就需要階段性策略了。

　　你的心,就是你的風水。老鼠們要抱持的是學習的心,以及分享與合作的思維,這是最為理想的內在風水。在生活風水上則需要多用東方的能量,因為可以讓文昌星得到強大的發揮能量。粉綠是幸運色系,正東方除了擺放陰陽水和龍穴旺財燈,還需要擺放綠色的闊葉盆栽。正北方布局加了黃金葛的陰陽水,最好隨身攜帶黃金虎眼一葉致富石。

流年運勢亮點顏色與方位:紅色、紫色、黃色、大地色。正南方、西南方、東北方。
流年運勢幸運點顏色與方位:白色、綠色、藍色。正北方、正東方、東北方。
流年貴人生肖:蛇、兔、虎、雞。

屬鼠各年次流年運勢

1996年的老鼠（民國85年，丙子年，30歲）

太歲星就是自己祿神的蛇年，96年的老鼠流年運勢是理想的。本命文昌星主事，再加上偏財源吉星照拂，這是個事業有成，財運有成的一年。雖然如此，不論男女對於情緣還是需要謹慎再三，因此生活焦點建議擺放在事業上為宜。考取證照是值得努力的事業課題。老鼠們需要加強的是水與木的元素，東方與北方的風水布局宜強化。想要好運就需要隨身攜帶經過開光的黃金虎眼一葉致富石與三元及第紫水晶福豆。

1984年的老鼠（民國73年，甲子年，42歲）

有夢想就該捍衛它，並且實現它。對於84年老鼠而言，這是個最有機會實現夢想的一年。由於充滿著「智慧生財」的能量，開啟學習的機會，就不難為自己開啟賺錢的管道。男士們宜謹慎面對情緣，女士們則值得珍惜這一年出現的情緣對象。對於事業而言，有機會轉變就轉變，因為容易漸入佳境。西南方值得掌握，擺放龍穴旺財燈容易掌握與開啟名利雙收的正能量。

1972年的老鼠（民國61年，壬子年，54歲）

這是個需要謹慎面對的一年，尤其是健康方面的事務，不宜掉以

輕心。這個世界除了金錢和事業，還需要多關照自己。找個時間靜下心，減緩腳步，享受當下的生活，找到真正的自己。情緣方面雖然女優於男，但不應該為了情緣而忽略了自己的存在。人際關係方面，千萬不要用屈就自己的方式迎來好人緣。錢財與事業都容易在布局好居家與辦公室風水的情況下，獲得提升與掌握，亦即在西南方擺放龍穴旺財燈。

1960年的老鼠（民國49年，庚子年，66歲）

人生到了一定程度的境界，就不難出現一定程度的氣定神閒。這是一種自信的展現，同時也是一種穩健的能量，值得老鼠們掌握與醞釀。這一年最值得珍惜的就是那種無所求的流年氣勢，許多事物將因無所求而有所得，有意思吧！換個角度來說，這一年的運勢亮點在於以靜制動，只因為行動的能量受到一定程度的衝擊。情緣女優於男。家庭運十分理想，是構築幸福的好時機。財運平平，但名大於利，因此利隨名而來。

1948年的老鼠（民國37年，戊子年，78歲）

老而彌堅，對於老鼠來說這是貼切的流年運勢形容。年紀大了身體上確實存在一定程度的老化，或多或少都有一些小毛病，不過在流年運勢中所呈現的一定程度的豁達與幽默，卻是無可取代的。面向陽光就見不到陰暗，遇到了問題就面對它、解決它、放下它，沒有訴苦的必要。多和老朋友分享生活的經驗，兒孫自有兒孫福，自然的老化在這個時候成為了另一種價值。

屬鼠流月運勢

宜謹慎面對的月份：三月、四月、五月、六月、九月、十二月。

1 ◆ 月運勢（2/3～3/5）

驛馬星主事的月份，再加上智慧才華星氣勢頗為明顯，這是個吉利的月份。一年之計在於春，本月值得為一整年的事業運勢許下願望與規劃。多運用紫色有機會啟動沉睡的財富能量。女士們的情緣運勢頗佳，人對了就該積極掌握。

2 ◆ 月運勢（3/5～4/4）

歲祿星職事的本月，大環境是吉利的。對於老鼠而言，這是個怡然自得的月份，只因為本命文昌星與機會星交織。由於財氣充滿，因此商務買賣與業務行銷都有利可圖，值得加把勁。紅鸞星動，姻緣磁場佳也同樣值得為幸福努力。太陰星主事，男士們貴人能量強。

3 ◆ 月運勢（4/4～5/5）

三合之月，理論上是吉利的。不過由於月犯官符星，重要事務還是謹慎執行，以免合住的不是幸福，而是官符。才華洋溢出現了揮灑的機會，但月犯五鬼星，即便是胸有成竹的機會，也還是需要提防功虧一簣。

4 ♦ 月運勢（5/5～6/5）

太歲之月，大好大壞。由於同時也是老鼠們的「破碎月」，重要吉事避之為宜。「小耗星」氣勢明顯，宜謹慎理財可免暗劫財的干擾，降低情緒性消費的機率。本月不利嫁娶，雖然如此女士們還是值得為正緣星努力，男士們則宜謹慎面對情緣運勢。

5 ♦ 月運勢（6/5～7/7）

六沖之月，謹慎行事。本月不利嫁。謹慎理財，只因為劫財星氣勢十分明顯，再加上財祿星受到了沖剋，又有月犯「大耗星」的現象，本月的投資求財宜見好便收。健康星氣勢不佳，沒事多喝水。情緣運勢，女不如男。

6 ♦ 月運勢（7/7～8/7）

六害之月，再加上本命「三煞星」主事，本月諸事不宜。雖然如此，擇日學還是認為本月大利嫁娶，事實上還是謹慎為好。由於月犯「喪門星」，因此弔唁探病審慎執行，勢在必行建議攜帶一包粗海鹽，既可化解穢氣，同時也具有提升運勢的作用。

7 ♦ 月運勢（8/7～9/7）

七月了，諸事不宜是市場上的共識，不過對於2025乙巳蛇年來說卻是吉利的月份。只因為這是歲合與本命三合之月，順著七月的金水啟動，本月的祈福與設定目標，極容易成為下半年好運勢的起跑點。傳統七月尊重就好。

8 ♦ 月運勢（9/7～10/8）

月圓人團圓，花好月圓，對於老鼠來說，圓滿順遂的還有事業的部份，只因為太歲將星主事。中秋佳節是最為理想的廣結善緣節日，就從送禮與發送祝賀佳節開始。福星高照的本月，老鼠們宜大膽設目標，大方迎接開花結果的好消息。

9 ♦ 月運勢（10/8～11/7）

財氣充滿的本月，大利積極執行投資求財的行動。只不過還是需要做好迎接財富的準備，那就是善用平台與組織團隊，另外就是善選標的集中火力。事業運作也是如此。男士們宜謹慎面對情緣。多用紫白配件與衣服，可望營造更多強勢能量。

10 ♦ 月運勢（11/7～12/7）

大環境磁場不佳的本月，老鼠們的功課在於人際關係的經營，因為是歲破星影響的主要範疇。謹慎理財，尤其是到了嘴邊的好料，默默納入荷包千萬別聲張。男士們情緣運雖佳，但還是需要審慎了解對方背景。合作創業之舉不應該出現在本月。

11 ♦ 月運勢（12/7～1/5）

本命月，大好大壞。雖然不利嫁娶，不過由於正緣星氣勢明顯，對於女士而言卻是個理想的情緣月。事業磁場十分理想，機會出現了先掌握再說。不過值得提醒的是，事務的執行事前規劃謹慎三思，進入執行狀態全力以赴，不隨便調整計畫。

12 ♦ 月運勢（1/5～2/4）

　　歲末年終，該收斂的別猶豫。六合吉星照拂，這是個吉利的月份。不過對於女士們而言，本月除了情緣宜謹慎之外，同時需要關照自己的健康。本月大利嫁娶。由於接下來要進入老鼠歲破年，因此任何需要在明年開始的事務，建議在本月就執行開動儀式。

註：農曆正月以立春開始計算，括號內國曆交接以節氣時辰界分。

執行流年旺運策略，整理再出發

整理再出發！整理不代表一定有所割捨，而是調整秩序匯聚資源與能量，迎接嶄新的生命旅程。當許下的願望有機會實現的時候，大方大膽的設定目標成為了牛族們的流年風景。

亮點色系	幸運點色系	幸運數字	吉利方位
白色、銀色、黃色	紅色、紫色、亮金色	4、5、9、7 及其組合	正南方、東南方與正西方

亮點色系：根據宇宙大自然或太歲星所提供較豐富的能量，充分運用會成為開運亮點元素與色系。
幸運點色系：流年運勢最需要補充與強化的元素與色系。

流年運勢

九紫元運進入第二年，牛族們走出過去一年太歲偏沖刑剋的陰影，進入乙巳蛇年面對的是陽光普照，牛族們出運了。

就太歲五行氣數角度來說，牛族們的確出運了，同時也正走在開大運的路上，但可惜的是，這條道路似乎並不平坦。首先是，太歲星提供了生助的五行氣場，同時也提供了才華星讓牛族們有機會展露手腳，但牛族們在接收到太歲的生助能量之後，真正轉變成營養素的機率並不大，只因為太歲星所提供的三合氣勢，是屬於一種包覆型的環境狀態。

換個角度來說，牛族們的乙巳蛇年是幸福的，同時也是安逸的。可惜的是，這些幸福與安逸都是來自於太歲星的包覆型生助磁場，即

便在新年新希望中，牛族們有許多新穎的計畫，而這些計畫是壯麗的，所設的目標也是宏偉的，但就是有一種「叫好不叫座」的尷尬。慶幸的是，此種尷尬並不會引動不舒服的厄運能量，而是一種暴殄天物的可惜，如果給予適當的流年策略，就有機會免去年底結帳的時候所上演的遺憾戲碼。

這樣的流年，最直接觀察到的就是一種浪費，浪費太歲星所賜予的好運勢能量。只不過，此種現象絕非牛族們的本意，只是沒有給予相對的流年策略。常說時間如白駒過隙，一年很快就會過去，而安逸的流年又會過得特別快。因此牛族們有必要在新年的一開始，或是在九運第一年的歲末年終，就要為未來這一整年的好運勢做好接收的準備。乙巳蛇年是進入九運第二年，開始執行流年旺運策略依舊不遲，就從多採用紫色衣服和配件開始，尤其是「紫水晶三元及第福豆」值得配戴一整年，有助於盡納所有的幸福與好運，以及太歲星的祝福。

溫馨提醒，浪費本來就是不可取的壞習慣，而浪費此流年好運確實是對不起太歲星的行為。

事業運勢

家庭運勢十分理想，而事業星氣勢亦佳，此種裡外皆理想的狀態並不多見，這應該就是所謂的「進可攻，退可守」意境吧！而這也是牛族們在乙巳蛇年的流年好運勢的註解。

才華星也為創業星提供了往前邁進的能量，可想而知的是，今年是理想的創業年，同時也是理想的事業轉型年，對於一般牛族們而言，則是理想的更換跑道年。即便牛族們沒有想換跑道的念頭，還是強烈建議釋放出找工作的訊息，接受面試的邀請，唯有務實參加面試

才會發覺自己在市場的價值與需要補強的地方。

另外，由於背景能量頗為明顯而強大，因此企業家需要的是穩健的營運系統，而一般牛族則需要有力的認證，考取證照就是策略之一。

財利運勢

財源吉星身影雖然明顯，但財利吉星氣勢並不理想，這一年的投資求財重點將會架構在低買的策略上。每一次急跌都會是理想的介入機點，耐心等候反彈再順勢調節納財。在商場上想要財運好，目標和策略的設定就十分重要了，其次就是真正到位的學習。最值得提醒的是，不論是商務買賣，還是股市投資求財，想要贏就得嚴格遵守既定的紀律與節奏。

整體而言，牛族們的財利運勢以冬天為旺，秋天是布局天，春天短線靈活運作，夏季炎炎多看少動作。投資標的宜以通訊電子概念股為先，鏡頭光學次之，AI概念依舊值得關注。由於主要財利出現在區間，因此就線論線是智者之舉。

情緣運勢

有一種愛叫做陪伴，有一種幸福叫做守護，有一種感動叫做遮風擋雨，有一種任性叫做堅持。

成家立業是牛族們在乙巳蛇年與情緣有關的代名詞，愛情與姻緣雖然重要，更重要的是先要有個溫暖的家，然後才容易發生所謂的「良禽擇木而棲」的動人故事。換個角度來說，單身適婚而想婚的牛族們無須急於一時，先將自己安頓好，為自己布局溫暖的窩，再來迎

接一起享受溫暖的人不遲。女士們更是如此，只因為偏緣星氣勢過於明顯，稍不小心就容易讓自己受到傷害。男士們雖然也是如此，但情節比較嚴重，而且犯了錯還不自知。

由此可知，牛族們的乙巳蛇年生活焦點有必要擺放在事業工作上，當職場得意的時候，情場自然容易換來如意順遂了。

開運風水

「華蓋」是牛族們在2025乙巳蛇年的太歲職務星，這是一顆才華星，但也是顆孤芳自賞的星曜。如此這般的流年需要的是「開啟」，將太歲星所包覆住的好運勢打開，牛族們才有機會晉升幸運生肖的行列。學習是開啟好運勢好策略，而也可以用熱情幫助人的方式來開啟。

風水布局的啟動效果會更加明顯，那就是在居家和辦公室的正西方布風水局，藉著掌握流年文昌位的大能量而開啟大運勢。正西方位置上請擺放龍的造型雕飾或圖畫，擺件材質以水晶或琉璃最為理想，而擺放內置「旺財錢母」的「琉璃雙鰲護寶神龍穴」，則是為家庭和辦公室開啟綿延不絕的大吉大利神龍穴能量的絕佳風水布局法。

流年運勢亮點顏色與方位：白色、銀色、黃色。西北方、西南與東北方。
流年運勢幸運點顏色與方位：紅色、紫色、亮金色。正南方、東南方與正西方。
流年貴人生肖：鼠、蛇、猴、雞。

屬牛各年次流年運勢

1997年的牛（民國86年，丁丑年，29歲）

「沒有任何地方像家一樣。」《綠野仙蹤》裡桃樂絲的台詞，將牛族們的流年運勢主軸清楚交代。除了家，任何地方，任何場域，都無法讓牛族們感到安全，不會受到傷害。這一年最大的貴人就是母親，其次是家人。雖然機會頗多，企圖心與行動力都充滿，但就是不宜操之過急，聽聽長輩和長官的建議，仔細觀察思考後再來執行不遲。另外就是合作的部份，機會來了先掌握再說。

1985年的牛（民國74年，乙丑年，41歲）

人際關係的功課很深，尤其是彼此站在同一個天平上的朋友，如果想天長地久就必須經常主動釋放「同理心」。今年在事業上容易出現合作的機會，也容易因為合作夥伴的能力而賺到期望的財富。男士們宜謹慎面對情緣事務，有主之花敬而遠之。女士們雖然正緣星氣勢佳，但有必要給自己多一些時間觀察。健康方面，按時接受健康檢查，捐血是最好的養生之道。

1973年的牛（民國62年，癸丑年，53歲）

文昌星氣勢頗佳，而這顆太歲文昌星又帶來了生財的能量，對於投資求財和商務事業具有極大的助益。不過需要提醒的是，雖然財富

有望提升，但切記務必見好便收，以免淪為「財多身弱」的受害者。情緣方面，男生不如女生。人對了，女士們宜化被動為主動。事業運勢佳，尤其是商務買賣業更為理想，一般上班族宜順勢安排，對於事業與財富有益的專業學習。

1961年的牛（民國50年，辛丑年，65歲）

名利雙收的流年，牛族們最需要做的功課，就是衛護自身的健康。錢要賺，身體也要顧好。雖然很努力地提醒，但牛族們還是容易因為事業而忘了照顧健康。盡早接受整體性的健康檢查與捐血，可望化解血光之災。農曆八月是最需要留意的時段。情緣方面，男女都理想，女生更有旺夫運。事業方面，有機會更上層樓，但要事先提防高處不勝寒。家庭運頗佳，大利購屋置產旺田產。

1949年的牛（民國38年，己丑年，77歲）

一動不如一靜，事業上的重大變動，不建議出現在今年，只因為存在著一種每況愈下的隱憂。這是個名大於利的流年，牛族們需要的是歷久彌新的經驗策略，而不是汲汲營營的逐利。家庭運勢頗為理想，布置新的氣氛，營造新的好運勢，正南方的風水布局是重中之重。女士們宜留意另一半的健康。朋友是另一個寶貴的資產，沒事多和朋友聚會有助於延年益壽。

1937年的牛（民國26年，丁丑年，89歲）

享受生活，享受當下。福氣星託太歲之威照拂，牛族們的家庭運得到了祝福。文昌星也隨之而至，生活作息與飲食都得到了太歲星的呵護，享受生活就是享受當下。沒事多和老友聚會哈拉，這是生活中的另一種圓滿。活到老，學到老，不停歇的學習，正是文昌星啟動精彩生活的動能。

屬牛流月運勢

宜謹慎面對的月份：正月、三月、六月、九月、十二月。

1 ◆ 月運勢（2/3～3/5）

　　太陽高照，新春氣息添加了幸運的曙光，享受新年的喜悅，積極廣結善緣積累貴人，就從勤奮的拜年開始。雖然紅鸞星與正緣星氣勢明顯，不過女士們還是不利嫁娶。本命三煞獲得啟動，重要吉事避之為宜。事業星氣勢佳，宜適時規劃一整年好運脈絡。

2 ◆ 月運勢（3/5～4/5）

　　歲祿之月，諸事皆宜。人脈磁場十分活絡，積極廣結善緣的機會依舊鮮明值得掌握。女士們宜謹慎面對情緣事務。事業上重大異動不宜輕舉妄動，尤其要避開因人而動。喪門星主事，本月不宜探病與弔唁，勢在必行請隨身攜帶一包粗海鹽。

3 ◆ 月運勢（4/5～5/5）

　　雙煞並臨的本月，不但諸事不宜，即便是例行性的事務，也需要謹慎執行。事業上的異動或出發，稍安勿躁為宜。健康星並不理想，工作上有必要避開過勞的機會。男士們的異性貴人容易獲得突顯，女士們面對同性的互動，則需要更多的耐心。

4 ◆ 月運勢（5/5～6/5）

對於整體大環境而言，這是太歲之月，因此容易出現大好大壞的現象。不過對於牛族們而言，卻是個十分吉利的月份。幸福星與文昌星並臨，事業上容易出現階段性的突破。家庭運勢佳，重大事務如修造、遷徙、入宅等皆可擇吉執行。這是大利成家立業的幸運月。

5 ◆ 月運勢（6/5～7/7）

許多事務的疑惑，不容易從表面上的觀察獲得解答。但可以更換思維，從不同角度的視野，獲得釋懷性的解讀。家庭運頗優，好運磁場出現在自己的家中，風水布局和家人聚餐都可以提升好能量。男士們宜謹慎面對情緣事務。人緣桃花開了，大利積極廣結善緣積累貴人籌碼。

6 ◆ 月運勢（7/7～8/7）

本命六沖月，諸事不宜，自然是忌諱嫁娶之事了。另外值得提醒的是，謹慎理財的部份。不過由於正緣星氣勢佳，男士們的情緣運勢是理想的。事實上，本命六沖的月份，反而是大利破除厄運的好時機。策略是前往廟宇拜拜祈福，時間是7月13日與7月25日兩天的午時。

7 ♦ 月運勢（8/7～9/7）

七月諸事不宜，自然是不利嫁娶。但從歲合星的角度觀察，今年的七月將一反傳統成為最吉利的月份。尊重傳統，掌握難得的歲合機會，完成不可能的任務。女士們的情緣運十分理想，本月不嫁娶，但無礙於幸福溫度的提升。

8 ♦ 月運勢（9/7～10/8）

好事成雙，只因為月圓。本命三合與太歲三合，同時出現在本月。再加上將星主事，事業運有機會再度攀升，不過需要提醒的是，由於人際關係磁場不如預期，因此低調是重要策略。情緣方面，出現了不要陷入共享情人泥淖中的警訊。

9 ♦ 月運勢（10/8～11/7）

天德吉星照拂，這是個吉利的月份。理論上諸事皆宜，只不過還是需要提防本命刑剋的隱憂，這是一種不協調的磁場，容易發生在家庭或事業團隊的運作中。於是慢半拍成為了理想的趨吉避凶。健康則是另一個需要關注的課題，多喝水，多休息。

10 ♦ 月運勢（11/7～12/7）

歲破之月，驛馬星發動了，這個月的主軸課題將會是不宜遠行。家庭事務則出現了不宜遷徙、入宅的訊息，代表許多事情以靜制動為宜。男士們宜謹慎面對情緣事務。單身適婚的牛族們，建議去拜月老，以便消弭「寡宿星」的厄勢力。

11 ♦ 月運勢（12/7～1/5）

本命六合，本月大利嫁娶。進入冬季，天氣一天天變涼，留意添加衣物，杜絕病符星的厄勢力。男士們的情緣運雖然理想，但還是需要多了解一下對方的背景。合作創業的機會出現了，可以掌握，但遊戲規則要設定清楚，並簽約用印。

12 ♦ 月運勢（1/5～2/4）

本命之月，大好大壞。本月不利嫁娶，同時也需要謹慎理財，再加上健康星氣勢不佳，因此不宜因為趕年終業績，而弄壞了身體與生活步調。男士們宜留意另一半的健康事務。檢視蛇年，迎接陽光普照的馬年，就從辛勤地祝賀新年開始。

行動力強大，機會出現積極掌握

生命的美好在於均衡，而機會的出現卻往往在於不平衡。這是老虎們在2025乙巳蛇年的流年故事架構。掌握亮點，提升幸運點，讓威猛的老虎以智慧型的方式展現。

亮點色系	幸運點色系	幸運數字	吉利方位
紅色、紫色、黃色、白色	帝王黃、藍綠色、靛色	2、4、1、8 及其組合	東南方、正東方、北方

亮點色系：根據宇宙大自然或太歲星所提供較豐富的能量，充分運用會成為開運亮點元素與色系。
幸運點色系：流年運勢最需要補充與強化的元素與色系。

流年運勢

老虎的威猛，再搭配上流年五行的挹注，老虎們的2025乙巳蛇年將會是隻精神抖擻，企圖心強大準備大發虎威的下山虎。流年背景代表是陽光充足，機會如陽光豐富而亮眼，行動力也十分強大，這是個「動」強過於「靜」的一年。

就命運的亮點角度來說，有想法就該給予做法，只因為老虎的蛇年運勢機會唯有在強大的行動下，才容易以一覽無遺的方式展現。也唯有淋漓盡致地呈現，老虎們才容易擁有個陽光十足的蛇年，事業運、工作運、財富運與尊貴的成就運都可以獲得營造。只不過前述景況必須架構在一個但書之下，那就是周延的計畫，完整的行動策略方針，共商大計的後繼部隊……有了這些配套策略與團隊，才有機會讓

老虎們的威猛更威猛。

家庭運勢的經營也是重要的一環，家是養精蓄銳的能量補充所，提升戰力的基地。整體看來，老虎們的蛇年是忙碌的，因此極容易忽略了家庭的陪伴，以及溫度的維護。對於蛇年的老虎而言是矛盾的，除非跳脫太歲的框架，否則家的能量不容易獲得營造。但跳脫太歲框架之後，老虎的流年威猛也將隨之消失。這個時候，只有從空間風水和心理風水著手，以及不定時的關懷開始。

歲合星開運法對於老虎不管用，只因為歲合星雖然是最好的轉化星，卻也是老虎的「六害星」。因此，唯有以兵分兩路的方式進行，那就是同時使用「歲合星開運法」與「本命六合開運法」，在東南方使用「黃金」類的擺件，如黃金無限旺財聚寶盆，以及在東北方擺放白瑪瑙或白水晶簇，並隨身攜帶「三元及第紫水晶福豆」，既維護住流年威猛，同時也營造了讓威猛持續發威的後繼力道。

事業運勢

這是個熱鬧的流年，因為老虎們的文昌星進入流年運勢的中央核心位置，再加上又有財富星同宮，以及官貴星也展現身影，老虎們在2025乙巳蛇年的運勢亮點，就在事業的欣欣向榮上。只不過想要讓這個亮點更亮，就需要做好完美的計畫，再老老實實依序完成計畫。

對於企業老虎而言，組建團隊與建立系統是首要課題，唯有團隊的節奏與力量才有機會讓命運亮點更明亮。對於一般老虎而言，則是考取證照，有了政府與具代表性的機構的認證，即便沒有飛黃騰達，也會是暢通無阻順心如意。

換個角度來說，2025乙巳蛇年是老虎們的行動年，只要準備工作

做好了,最壞的結果評估之後可以接受,就該勇往直前,因為成功就在隧道出口的亮光處。

財利運勢

文昌星就是文財神,也是源源不斷生財的偏財源吉星,再加上偏財祿吉星也同步,老虎們的流年財利運勢想不旺都難。不過還是需要提醒的是,由於在太歲星的能量結構中,出現老虎們的劫財星,雖然這顆星曜的氣勢並不強,不過「小星成不了勢,卻可以壞事」,因此老虎們除了要讓亮點更明亮之外,只要落實「化劫財為生財」的策略,今年的旺財大業將會多了個好幫手。

整體而言,老虎們的財利運勢以上半年為佳,下半年則宜謹慎理財。投資標的也最好依據市場消息面引動,且具未來性的類股為佳。能源、電池、光學、AI、資產等概念股值得密切關注。

情緣運勢

人緣磁場活絡,因為文昌星的氣勢明顯。只不過這顆文昌星進入情緣領域,會因為男女之別,其運勢將截然不同。首先要恭喜女士們,由於正緣星有太歲的氣勢,而讓老虎有了類似紅鸞星動的現象,因此可以說是個理想的嫁娶年。不過還是要謹慎面對今年出現對象的背景,有些事千萬不要成為全世界都知道,而自己是最後一個知道的人。已婚或有伴侶的女士,另一半的運勢十分理想,只因為他有個旺盛幫夫運的妻子。

至於男士們恐怕就要謹慎面對情緣運勢了,因為偏財星的氣勢太

強、太露骨了。有愛人的老虎多愛一些，其餘老虎宜將生活焦點擺放在事業和賺錢的事務上。

開運風水

機會出現了，是該積極掌握，還是做好準備再說？對於可以威猛的老虎，當然是同時並進落實執行。並進合擊，動可攻，退可守。這是「歲合星開運法」與「本命六合開運法」的策略描述。

乙巳太歲提供了亮麗的機會，文昌星、偏財源吉星、偏財祿吉星和尊貴星填滿了老虎們的幸運天空，這些能量源自於學習，因此最好的風水就是高階的進修。將居家和辦公室的東南方布龍穴局，東北方則布「化煞為權」局。

將啟動龍穴的強勢擺件擺放在東南方，可以是紫水晶洞，更可以是琉璃製品或「雙螯神龍護寶文昌燈」擺件。再將白玉或白磁豬的雕飾擺件，擺放在東北方老虎的本命位。

流年運勢亮點顏色與方位：紅色、紫色、黃色、白色。南方、西南方、正西方。
流年運勢幸運點顏色與方位：帝王黃、藍綠色、靛色。東南方、正東方、北方。
流年貴人生肖：豬、猴、馬、雞。

屬虎各年次流年運勢

1998年的老虎（民國87年，戊寅年，28歲）

當理想和現實相左的時候，該仔細想想有沒有第三個選擇，跳脫現實與理想的選擇。這是個幸運的流年，可以說是得天獨厚，然後也就是因為這樣，反而容易將幸運給浪費了。家庭運佳，事業運也理想，因此可以說是「成家立業年」。不過對於未來挑戰的勇氣與能量隱匿了，對於年輕的老虎而言，這是一種警訊。建議從學習開始，任何學習都可以，但還是以事業和財富有關的學習為主。

1986年的老虎（民國75年，丙寅年，40歲）

萬事俱備，只欠東風。太歲星提供了豐富的資源，想創業或是轉型都容易如願以償，因為本命文昌星提供了強大正能量。人際關係磁場也理想，走進人群學習眾生百態，為明年做好收成的準備。不論男女都需要謹慎面對情緣事務，有必要將生活焦點擺放在事業上。家庭運需要加強，為家人、為自己布局好風水。偏財運佳，投資以低接為主，財利好運容易出現在秋天。

1974年的老虎（民國63年，甲寅年，52歲）

文昌星主事的流年，老虎是幸運的，不論是在商場上，在職場事業上，在投資求財的買賣上，或是在開拓機會與市場上，都充滿著機

會。不過姻緣的部份就不理想了，尤其是男士們宜提防偏緣星干擾事業運勢。女士們雖然是幸運的，只因為正緣星氣勢明顯，但還是需要提防心猿意馬的人。家庭運需要被提升，除了布局好風水，宜提升和家人聚會的頻率。

1962年的老虎（民國51年，壬寅年，64歲）

健康是最大的財富，這是個需要特別關注自己健康的流年。化解之道雖然可以透過捐血為自己造福，不過還是安排個完整的健康檢查為宜。偏沖太歲的關係，老虎們有必要安太歲，不過對於本年次的老虎而言，除了安太歲，更需要點盞元辰燈。企圖心和機會一樣活絡，但往往防守比攻擊還要重要，企業家們就從提高風險意識開始，一般老虎的開運策略就是投資自己。

1950年的老虎（民國39年，庚寅年，76歲）

歲德吉星照拂，再加上正財星太歲迎合加持，老虎們的財利運勢是理想。不過從偏財祿星陷入不協調磁場中看來，老虎們還是需要謹慎面對大好大壞局面。有伴侶的男士們宜關心另一半的健康，就從布局有利健康的好風水開始。放下是門不容易的功課，不過人生的轉折點往往就從放下的那一刻開始。靜心養氣，少思養神，平心靜氣，延年益壽。

屬虎流月運勢

宜謹慎面對的月份：正月、四月、十月、十二月。

1 ◆ 月運勢（2/3～3/5）

本命月，歡喜過新年就好，同時計畫蛇年如何發揮太歲賜予的文昌吉氣。謹慎理財，不過不要吝嗇過生活。男士們宜謹慎面對情緣事務。本月不利嫁娶。月犯五鬼，勤於祝賀新年可解。太歲偏沖年，新春期間的安太歲宜誠摯執行。

2 ◆ 月運勢（3/5～4/4）

本命桃花月，人緣磁場十分活絡，大利積極廣結善緣，積累蛇年貴人籌碼。歲祿星加太陽，本月大利嫁娶，男士們姻緣磁場佳，但宜謹慎挑選對象。財利運勢雖佳，但短線見好便收之舉宜順勢執行。女士們宜善用桃花磁場，人緣要好過於情緣。

3 ◆ 月運勢（4/4～5/5）

歲煞星職月，諸事不宜。由於煞星直接影響到老虎們的事業，因此務必最好化煞為權的準備。首先請多用藍色衣物，其次捐血或捐獻種福田。月犯喪門，不宜探病與弔唁，勢在必行請攜帶一包粗海鹽。女士們的姻緣磁場頗佳，雖然不宜嫁娶，但人對了依舊值得珍惜。

4 ◆ 月運勢（5/5～6/5）

　　文昌星氣息旺盛的本月，再加上又是太歲月，上個月的化煞為權，本月容易見到成效。只不過由於出現了月犯「六害星」的現象，因此還是需要「以退為進」的謙虛。不論男女都需要謹慎面對情緣事務。財祿星氣勢佳，投資求財有利可圖。

5 ◆ 月運勢（6/5～7/7）

　　本命將星職月，事業職場事務宜積極面對，瓶頸可望如願突破。太歲文昌桃花，大環境的活絡人脈，值得老虎們走出家門廣結善緣。出現官符星的身影，與法律有關的事務還是委請法務專家協助為宜。正財星與財源吉星並臨，投資求財如娶妻見好便收。

6 ◆ 月運勢（7/7～8/7）

　　雖然出現了月德吉星與天喜星，不過擇日學還是認為老虎們本月不宜嫁娶。但對於事業而言，卻是個千載難逢的改變時機點。家庭運勢佳，家庭重要事務值得擇吉執行。小耗星干擾，宜謹慎理財，尤其要避開情緒性的消費機會。

7 ◆ 月運勢（8/7～9/7）

　　諸事不宜的七月，並沒有想像中的可怕，傳統習俗尊敬就好。不過對於老虎來說，本月還是不宜出遠門，只因為本命與驛馬星對沖，也因此需要留意交通安全，疲勞千萬不要駕駛。歲合星執事的本月，讓七月充滿諸事皆宜的氣氛，多用藍色提升吉利能量。

8 ♦ 月運勢（9/7～10/8）

　　中秋是個慶祝團圓的佳節，再加上老虎們的龍德吉星與紫微星並臨，本月大利嫁娶讓圓滿更圓滿。不過值得注意的是，由於適逢「歲絕」，即便是太歲將星月，職場事務也還是需要謹慎以對。避開重要抉擇為先，佳節的祝賀需要強化，該送禮不寒酸，該祝福不猶豫。

9 ♦ 月運勢（10/8～11/7）

　　本命三合月，諸事皆宜。再加上本命文昌星氣勢明顯，大利事業出發與轉型，業務行銷更值得努力，因為容易業績長紅。雖然太歲紅鸞星發動，但對於男士而言，還是將紅鸞星轉化成人緣桃花星為宜。白虎血光之星職月，捐血可化煞，扶弱可添福氣。

10 ♦ 月運勢（11/7～12/7）

　　本命六合之月，雖然是歲破月，大環境充滿諸事不宜的訊息。太歲驛馬星主事，對於交通安全宜多用一份心。天德星與福星高照，老虎們最需要執行的就是自己的私事，家裡的家務事，可望出現超出預期的順遂。開創星氣勢明顯，該主動的事務切莫躊躇。

11 ♦ 月運勢（12/7～1/5）

　　家庭運勢依舊理想，這是個大利成家立業的月份。不過對於單身適婚男士們來說，要提防偏緣星的干擾。偏財星氣勢明顯，商務買賣與業務行銷都值得努力。將居家布局做一番優化，為了是迎接即將到來的丙午將星年。投資求財，見好便收。

12 ♦ 月運勢（1/5～2/4）

　　本命三煞月，諸事不宜，不利嫁娶。雖然如此，紅鸞星與天醫星照拂，對於事業的開發宜繼續使勁，營造豐盛迎接將星年的來臨。歲末年終，多留意養生，護衛健康過好年。男士們情緣運頗佳，值得安排幸福年假。有伴侶的男士，宜多關心另一半的健康。

事業有成的流年，值得努力

機會不是等來的，而是創造出來的。一旦太歲星提供了創造的素材，勇敢承接，大膽執行與規劃，開花結果的不只是夢想。不要浪費了智慧創造星的美意。

亮點色系	幸運點色系	幸運數字	吉利方位
紅色、紫色、黃色、大地色	藍色、金黃色、綠色	8、4、3、1 及其組合	正東方、東南方、東北方

亮點色系：根據宇宙大自然或太歲星所提供較豐富的能量，充分運用會成為開運亮點元素與色系。
幸運點色系：流年運勢最需要補充與強化的元素與色系。

流年運勢

「Just do it」這是個品牌廣告詞，卻也是兔子們在乙巳蛇年整體運勢運作策略的寫照。智慧創作星有了，激勵行動的財富星也到位了，最重要的是「歲德吉星」以事業官貴星的角色出現，代表這是個值得打拼的一年，因此才會出現一開始的那句話「Just do it」。

兔子們在乙巳蛇年的底氣十分硬朗，只因為扮演的是「歲祿星」的角色，那是一種如假包換的太歲分身。換言之，兔子們擁有極大的權勢和機會，為自己的流年運作做出幸運的闡釋，而太歲星也用最大的誠意協助兔子們實現夢想。

不過還是需要提醒的是，世界上不是所有的事情都一面倒，因此兔子們在享受乙巳太歲星提供尊榮的同時，還是需要謙虛的思維。也

就是，不可一昧的衝刺，忘了節奏與步調的協調，直白地說那就是圓融，以及按部就班的明確計畫。

另外值得一提的是，在乙巳蛇年太歲的五行結構中，對於兔族們來說雖然五行兼具，生活節奏與方向也都十分活躍，但對於家庭的部份恐怕還是需要補強，而這個部份的五行就是水元素。雖然在兔族們的自身五行結構中，本來就存在這個元素，然而還是需要強化，才有機會整個流年運勢以圓融豐富的方式呈現與收穫。兔子們的本命位置在正東方，而今年的歲祿星也在正東方，因此可以肯定的是乙巳蛇年的流年龍穴之一就在正東方，兔族們可以為自己、為家人、為公司、為事業布「龍穴旺運法」。

最重要的就是健康的部份，從太歲五行架構所獲得的訊息是，兔族們將會成為最忙碌的生肖。即便有些兔子因為本命的緣故，並沒有忙到不可開交的境界，但五行結構中還是呈現能量不斷流失的狀態，因此不論在那一個行業與職位，正常的作息十分重要，千萬不要賺了事業與財富，卻忽略了健康的維護。

事業運勢

名利雙收年，辛苦有成。只因為兔子們幸運地擔任了乙巳蛇年太歲的歲祿星，這是一種尊貴的代表，太歲的專祿位，屬於真正的分身。智慧創作星出現在蛇年的主氣上，而正財星氣勢也同步呈現，對於事業運勢而言，這是一種開創事業的象徵。

有些企業兔子們也將會是在此種氛圍年，執行企業轉型的動作。計畫好了，也評估所承擔的風險能夠接受，就該義無反顧的進行，因為辛苦有成。

一般兔子們也有機會透過學習轉變職場生態，只要夠認真，只要夠堅決，再加上歲德吉星的祝福，乙巳蛇年不但是個開創事業年，同時也是成功轉型年，更會是事業有成的流年，值得努力。

財利運勢

正財源吉星照拂，而正財祿吉星也同步明亮，這是個大利開疆闢地挖掘金銀寶藏的一年。機會雖然多，不過還不及兔子們主動出擊後的延伸性火花。換個角度來說，乙巳年運勢上的金錢配額是充沛的，但缺少了開創後的延續性拓展，充其量也只不過是天空上的煙火，亮麗了，就亮麗了。因此如何守成成為了最為需要的策略概念，如此看來儲蓄型的商品最適合投資了，而房地產就是最值得考慮的存錢標的。

整體而言，兔子們的財運以夏天最旺，而收成容易出現在3月與9月，屆時見好便收。畢竟進了自己的荷包的錢，才是真正的財利。

投資標的，儲蓄型、蛻變型的公司是好標的，而不動產與營建類股也適宜投資，另外能源概念股是AI之外的另一個當紅炸子雞。

情緣運勢

人緣磁場是活絡的，而流年生活氣息也是繽紛的，不過這些活躍氣息用在事業與貴人的開發上是吉利的，然而一旦用在情緣上恐怕就要歪樓了。原因是引動男士們認真追求的是偏緣星，而這顆偏緣星將會分蝕了金錢運勢的能量。換言之，情場和商場之間如魚與熊掌。

對於女士們而言，就不是如此了。容易因為過度投入事業或自我

滿足的情境中，而忽略了情緣的經營，不過由於正緣星氣勢不但明顯，同時也尊貴非常，因此女士們不是圓滿了情場，就是豐富了事業職場。

不論男女，構築溫暖的窩是重要的流年課題，因為這是金錢與情緣可以共同匯聚的處所，有了溫暖的窩，則幸福與財富才有機會同時擁有。

開運風水

健康要求的是良好的新陳代謝，命運也是如此，那就是趨吉與避凶。在主要氣息集中在行動部位的今年，兔子們最需要營造的是源源不斷的能量，除了思維與行事風格，最理想的還是從正確的風水布局開始。

正東方是兔子的本命方，同時也是乙巳蛇年太歲的專祿位，更是兔子們需要用心布局的位置。不過最直接，最容易獲得感應的風水策略，還是在兔子們的身上。

正東方除了可以擺放陰陽水之外，同時還可以紅色或紫色為主要布局色系，也可以擺放猴子造型的吊飾或圖畫，材質最好是黃金或仿黃金，而最為理想的策略還是在居家和辦公室的正東方布「龍穴風水局」。隨身攜帶的飾品也最好是經過配對之後，可以和此「龍穴風水局」相呼應的飾物，並且持續在每天的「龍時」（早上7點至9點）在龍穴位噴灑精油或福祿香氛。（細節請參閱奇門基因風水篇。）

流年運勢亮點顏色與方位：紅色、紫色、黃色、大地色。正南方、西南方、正西方。
流年運勢幸運點顏色與方位：藍色、金黃色、綠色。正東方、東南方、東北方。
流年貴人生肖：狗、猴、豬、羊。

屬兔各年次流年運勢

1999年的兔子（民國88年，己卯年，27歲）

福氣星高照的今年，兔子們是幸福的。此種幸福來自於自己的家，因此想要讓流年好運不斷，務必將家的風水與氣氛布局好。另外值得祝賀的是，乙巳蛇年對於這個年次的兔子而言，在事業上容易出現所謂的「異路功名」現象，那就是「無心插柳柳成蔭」。雖然如此女士們宜謹慎面對情緣事務，來日方長，目前還不到決定終身的時候。學習如飲食，每天都需要，同時還不可以挑食。

1987年的兔子（民國76年，丁卯年，39歲）

歲祿星就是兔子們的福祿星，因此最需要每天在龍時於正東方噴灑精油或福祿香氛的生肖，因為開啟的是源源不斷的「五福臨門」氣息。家庭運勢十分理想，是典型的構築幸福好窩的流年，買房換房宜順勢而為。雖然劫財星氣息明顯，不過只要遊戲規則定妥，並且設妥風險管控，財富有機會以借力使力的方式實現。男士們宜謹慎面對情緣事務，偏緣星明顯，同時也容易惹禍上身。

1975年的兔子（民國64年，乙卯年，51歲）

歲祿星與天德合吉星同時並臨，兔子簡直就是乙巳太歲的天之驕子。更有意思的是，兔子們不但是太歲的分身，同時也是和太歲星稱

兄道弟，意味的是這將會是個人際關係磁場頗優，值得積極廣結善緣積累更多貴人的一年。財運雖好但不適宜合資創業，親友的金錢往來更需要謹慎。男士們宜小心避開情緣地雷，女士們的情緣運勢雖佳，但依舊要小心提防身分狀態不佳的對象出現。

1963年的兔子（民國52年，癸卯年，63歲）

心無所求就是一種自在，這種意境需要一定的年紀與生活歷練，更需要有機會展現品味的流年環境。乙巳蛇年對於兔子們來說，就出現了這樣的意境，將步伐放慢反而容易與財官利祿不期而遇。時代在進步，社會也在演變，換個角度看事物，容易獲得新的心境與情境，此種現象容易出現在事業上。女士們運勢更佳，有尪的旺尪，有事業的則興事業。學習是為了讓生命更美好，任何學習都是如此。

1951年的兔子（民國40年，辛卯年，75歲）

矛盾是一種糾結，不過矛盾通常也會伴隨著一種轉折的機會。乙巳蛇年對於兔子來說，就是擁有此種意境的流年，既想擁有更多，卻也希望得到適當的歇息。家庭運勢頗佳，將居家布局的更舒適，健康、歡樂與幸福才會駐足。許多時候該放下了就別不捨，唯有放下才有機會換手，放下不是認輸而是解放，並且有機會開啟新的局面。財利運勢十分微妙，偏財星氣勢活潑而明顯，但其活動的方向卻是朝向可以停留的寧靜海。健康是最值得投資的投資。

屬兔流月運勢

宜謹慎面對的月份：二月、三月、五月、八月、九月、十二月。

1 ◆ 月運勢（2/3～3/5）

　　新年新氣象。人際關係磁場十分活絡的本月，大利積極廣結善緣，又值新春期間祝賀愈多好運也就愈豐盛。男士們宜謹慎面對情緣事務。新春期間最容易受影響的是荷包，不過有利人際關係的花費節省不得。拜拜許願，同時也為自己許一個幸福好年。

2 ◆ 月運勢（3/5～4/4）

　　歲祿月，再加上將星職月，按理說應該是吉利非常。只不過由於是本命月，因此還是需要提防大好大壞的現象，謹慎行事為宜。本月不利嫁娶。男士們情緣運雖佳，但還是要留意另一半的健康。謹慎理財，只因為劫財星暗中虎視眈眈。

3 ◆ 月運勢（4/4～5/5）

　　本命六害月，再加上大環境處於歲煞負能籠罩狀態，本月諸事不宜。本月不利嫁娶。幸運的是，歲德吉星照拂，職場事務辛苦有成，值得努力。女士們的情緣運勢頗佳，人對了就不該過於猶豫與矜持。規避六害星絕佳策略，就是有條不紊，按部就班。

4 ♦ 月運勢（5/5～6/5）

太歲之月再加上本命驛馬星職月，行動的訊息出現了就不該遲疑，只因為創作星與財富吉星同步，大利創業投資與商務買賣。男女兔子皆宜謹慎面對情緣運勢，不需要急著尋找答案。月犯喪門，不宜探病與弔唁，勢在必行請攜帶一包粗海鹽。

5 ♦ 月運勢（6/5～7/7）

本命文昌星執事的月份，人際關係值得用心經營。再加上偏財祿吉星主事，商務買賣與業務行銷都值得努力，因為財利豐碩可期。男士們的情緣運勢佳，這是典型的成家立業佳期。不過還是需要提防五鬼星的厄勢力，務實地步步為營是化解之道。

6 ♦ 月運勢（7/7～8/7）

家庭運勢依舊理想，成家立業的磁場依舊值得珍惜。才華星受到了三合能量的招喚，這是個有機會大展身手的月份，因此值得勇敢承接任務。月犯官符，簽約用印宜謹慎，千萬不可輕易承諾。值得留意的部份，家庭成員的健康需要多關心。

7 ♦ 月運勢（8/7～9/7）

傳統七月，卻是值得期待的歲合月。由於貴人磁場十分明顯，因此即便是敬畏的七月，同樣值得進行廣結善緣任務。傳統習俗尊重就好，重大吉事雖依舊可順勢而為，但家人與事業夥伴的感覺不容忽視。女士們情緣運勢佳，緣分到了就該珍惜。

8 ♦ 月運勢（9/7～10/8）

雖然是月圓人團圓的中秋佳節，但擇日學還是認為本月不利嫁娶。應該是因為本命六沖的關係，本月宜謹言慎行，最直接衝擊的就是人際關係磁場了。這個時候最好的化解之道就是佳節祝賀了，該送禮的不猶豫，祝賀愈多下半年運勢愈理想。

9 ♦ 月運勢（10/8～11/7）

本命六合之月，這是個吉利的月份。不過由於同時也是本命三煞月，因此嫁娶等重要吉事的啟動，還是避之為宜。幸運的是，龍德吉星照拂，對於既定事務還是可依照計畫執行。才華星洋溢，對於下半年的計畫不妨再檢視一番，珍惜過程中的天馬行空。

10 ♦ 月運勢（11/7～12/7）

雖然是本命三合月，不過由於正巧是歲破之月，因此還是謹慎行事為宜。月犯白虎星，冒險的運動避之為宜，只因為血光之厄如影隨形，捐血與捐款種福田可化解此災厄。大環境是震盪的，投資求財，見好便收。

11 ♦ 月運勢（12/7～1/5）

紅鸞星動之月，再加上天德與福星高照，本月諸事皆宜。桃花星氣勢明顯，本月也大利積極廣結善緣，為新的一年積累貴人籌碼。不過還是需要留意的是健康的部份，由於氣場不佳，再加上容易過於透支體力，良好的養生與作息都該獲得重視。

12 ♦ 月運勢（1/5～2/4）

　　太歲三合月的年終歲末，讓本來就有點鬱悶的氣場，獲得了提升。逢此蛇尾馬頭之際，最好的開運策略就是檢視過去，計畫未來。有錢沒錢娶個老婆好過年，正緣星氣場佳，男士們值得加油。不過對於另一半的健康可就要多關心了。

動起來，安排正向有益的學習

人生不是藍圖，而是拼圖。先構思想要的圖面，再選擇需要的圖片，捨去不需要的，就能夠逐步拼出美麗的人生拼圖。這就是聚焦的結果，也是龍族們在乙巳蛇年的課題。

亮點色系	幸運點色系	幸運數字	吉利方位
黃色、咖啡色、橘紅色	白色、帝王黃、太空灰	6、7、9、1 及其組合	西北方、正西方、正北方

亮點色系：根據宇宙大自然或太歲星所提供較豐富的能量，充分運用會成為開運亮點元素與色系。
幸運點色系：流年運勢最需要補充與強化的元素與色系。

流年運勢

龍族們在迎接乙巳蛇年之際，最重要的功課將會是壯大膽子，以及讓神經放大條一點。只因為進入乙巳蛇年，龍族們就會被冠上「歲煞星」的名號。在學理上，所謂的「歲煞星」指的就是一整年三方四正所有的穢氣所集中的地方，通常在「歲煞方」是不可以動工、破土、安神位、入宅、奉厝⋯⋯甚至於運勢較低和健康比較不理想的人，都有必要將其座位、房間與床舖搬離此「歲煞方」。以年度吉凶方位的角度來說，乙巳蛇年就是「大利南北，不利東西」。

對於龍族們而言，這一年最需要執行的有效趨吉避凶就是清心寡慾，雲淡風輕，如此才有機會歲月靜好。「歲煞星」五行屬土，因此五行中的「金」是絕佳「化煞元素」，因為「土」會生「金」，也就

是要「金」耗洩「土」的煞氣。在顏色的選擇上，龍族們最好多採用白色系列的衣物與珮飾，而銀色與金色也是吉利色系，有助於紓解「歲煞星」的厄勢力。

在行為上的開運策略就是學習，不論年紀，不管年齡，任何學習無論大小，只要是正向有益的學習都值得安排。由於疏化元素是「金」，因此「申金」是最佳的化解地支與方位，那就是「西南方」。在居家與辦公室的西南方擺放金屬或黃金材質的擺件，猴子造型最為理想，或是擺放內置白玉、龍銀或開運錢母的「多方無限聚財黃金聚寶盆」，既化解了「歲煞星」厄勢力，同時也提升了龍族們的「偏財運」，開啟一整年「偏財源」的正能量。

「病符星」則是龍族們的另一個歲星身分，這是每一個生肖在卸下太歲星後第一年的宿命。讓人望之生畏的「病符星」，龍族們一定會有許多的疑惑與不安。其實並不需要過於擔心，因為「病符星」的厄勢力不難化解，而「病符星」指的也不一定就是生病。事實上，歲犯「病符星」的生肖，在當年最容易呈現的行為現象，將會是有氣無力或對事猶豫不決。「病符星」同樣需要以化解的方式趨吉避凶，「病符星」和龍族們的五行都是屬土，於是「金元素」再度成為理想了趨吉避凶神器，另外就是安太歲了。至於其他風水策略，請參考「開運風水篇」。

事業運勢

有氣無力，雖然未必是龍族們會發生的事業態度，不過因為歲犯「病符星」，不斷會被提醒看來，就算龍族們自己不認為會發生，但圍繞在龍族們身邊的磁場，恐怕容易以自然匯聚的方式呈現。

驅趕與轉化這股「有氣無力」太歲壓力的絕佳策略就是學習，保持以學習的心與思維解讀周遭的世界，其次就是展現為了優化未來而忙碌學習。於是出現了一種現象，那就是「動起來了」，自己內在的意識，外在的行事作為，既感動了自己，同時也驅動了外界的正向能量。

這就是龍族們在2025乙巳蛇年化解「病符星」，提升事業能量的絕佳策略。而職場貴人容易因此出現，雖然容易因為異動而每況愈下，不過當機會出現了與其猶豫，不如來個投石問路，既可勘查市場資源與需求，又可檢視自己在市場上的價值。隨身攜帶白色或金屬材質的幸運珮飾，如穿金戴銀、白水晶、白瑪瑙好事發生、白玉一鳴驚人、蛇年開運黃金錢母、和闐玉墨翠黃金回頭祿。

財利運勢

「寧向直中取，莫向曲中求」是姜太公渭水釣魚回答周文王的一句話，說的是堂堂正正做人，光明磊落做事。聽起來十分正道，但下一句更有意思，那就是「不為金鱗設，只釣王與侯」，意思是說「我不為金貴的魚，只為王侯將相」，這明明就是又大又高明的「曲中求」。

對於龍族們在2025乙巳蛇年的財利運勢而言，就是這樣。換個方式呈現，那就是「寧可曲中求，不向直中取」，讓龍族們發財的不會是「直接財利」，對企業龍族是異業結盟，一般龍族則是學習更多賺錢的本事。

整體而言，龍族們的財運以秋冬為佳，春夏宜謹慎理財。投資標的：金融概念、營建類股、AI PC、AI手機、高速傳輸等。

情緣運勢

家庭運勢十分理想，成家立業容易成為乙巳蛇年龍族們的流年成就。只不過此處所說的成家，指的是構築愛巢與幸福的窩。在自然界的生態就是如此，那就是先有溫暖恬適的家，再來迎接幸福人生的另一半。對於適婚而想婚的龍族們來說，這是催促紅鸞星發動最好的方法。嚴格說起來，女士們的情緣運勢並不理想，這一年出現的對象有必要多相處一段時間。男士們則容易將生活焦點擺放事業上，因為這是個絕佳整理與調整情緣磁場的流年。

開運風水

「病符星」和「歲煞星」是龍族們在好不容易卸下「犯太歲」包袱的乙巳蛇年，又要面對的神煞壓力。如此看來，今年龍族們恐怕還是需要好好安太歲了。不過無須擔憂，因為不論是「病符星」，還是「歲煞星」，都有機會透過舒緩的方式轉化，因此這一年的風水布局就馬虎不得了。

化解「歲煞星」的位置在「西南方」，有必要在居家與辦公室的「西南方」執行前文所述的風水布局策略。而由於「病符星」的位置則在「中宮方」，因此須在居家與辦公室的「中宮方」布化解「病符星」的風水局。白色的彌勒佛或大象，以及白色花瓶都是化解「病符星」的理想擺件，不過最好的策略還是有必要隨身配戴經過開光加持的「白瑪瑙好事花生」、「白玉一鳴驚人」或「黃金開運錢母」。

流年運勢亮點顏色與方位： 黃色、咖啡色、橘紅色。正南方、東南方、西南方。
流年運勢幸運點顏色與方位： 白色、帝王黃、太空灰。西北方、正西方、正北方。
流年貴人生肖： 猴、雞、鼠、豬。

屬龍各年次流年運勢

2000年的龍族（民國89年，庚辰年，26歲）

歲德吉星是一種幸運的職稱，代表這一年有機會享受到一種「擁有」的感覺，對於事業是成就，對於學習與成長是收穫，對於情緣則幸福，對於財富雖然也是有利可圖，但還是需要謹慎理財。至於「歲煞星」的部份恐怕就需要更加用心化解了，「安太歲」是必要的，而多用金黃色則是聰慧而高明的「化煞為權」策略。

1988年的龍族（民國77年，戊辰年，38歲）

祿星照拂，龍族們是超有福氣的生肖。福祿、人緣祿、偏財源三星並臨，如果不是因為擔任「歲煞」一職，龍族們就是全體生肖好運榜首。家庭運十分理想，雖然房屋市場處於賣方市場，但有意購買屋宅的龍族們值得進場賞屋，也為家人布局溫馨恬適溫暖的窩。企業龍族的事業有機會重整再出發，朝九晚五的上班族則是進可攻退可守，機會來了該轉就轉，別猶豫。情緣方面並不理想，可以有家、有窩，至於找伴侶就無須急於一時了。已有伴侶的龍族，多愛一點，因為是龍族們的事業貴人。健康運頗佳，值得安排健檢，容易因而獲得優化式的體質調整。合作的磁場十分活絡，人脈磁場也同步旺盛，事業貴人出現了就該珍惜。

1976年的龍族（民國65年，丙辰年，50歲）

人緣佳，機會多，偏財源吉星氣勢旺，再加上偏財星同步旺盛，多麼豐富壯盛的一年。對於商務龍族們來說，這將會是個如魚得水的一年，觀察市場，創造機會，財源廣進。一般龍族們也容易獲得富足的幸福感。雖然如此，情緣方面並不理想，但無礙於建構愛巢的衝動。為自

己構築個幸福的窩，良人進駐只是時間的問題。智慧文昌星氣息明顯，除了人緣佳，就是財運旺，自然還有活絡的事業賣動能量。企業家們值得積極執行轉型的發展策略。其他龍族宜將時間安排在專業的學習上。

1964年的龍族（民國53年，甲辰年，62歲）

人脈就是錢脈，這是市場上的共識。人脈需要用心用時間經營，首先要做的是「提高自己的價值」，因為很多時候此種「價值」指的是「被利用的價值」。問問自己，我有用嗎？我好用嗎？而這也是2025乙巳蛇年太歲星所提供不得不重視的問題與功課。這是60年一次的「人脈更替年」，走出家門，走出習慣的領域，認識不一樣的人脈，只因為太歲星提供了十分理想的人脈能量。事業上更有機會以合作的方式，創造太歲星賜予的功名利祿。男士們宜謹慎面對情緣事務。女士們的情緣運勢雖理想，不過還是要提防心猿意馬的對象。

1952年的龍族（民國41年，壬辰年，74歲）

歲煞星再加上官符星，龍族們的流年星空並不晴朗。在這一年中的任何重要抉擇，都有必要委請專家陪同，不但避了煞，同時也阻止了官訟是非鳥事的發生。雖然如此，龍族們還是有機會發展事業的第二或第三個春天，機會出現了值得積極掌握，營造不一樣的人生意境。家庭運十分理想，投資機會也活絡，這是一種發財富的組合，對於有意購屋或換屋的龍族們來說，值得進場賞屋，而營建類股也值得擇優擁有。

1940年的龍族（民國29年，庚辰年，86歲）

福氣滿滿的流年，雖然不再追求名利，但這些無形的資產財富依舊如影隨形，歲德吉星的職務是一種肯定，而不是壓力。這樣的流年，最大的功課就是養身，除了飲食與作息之外，最重要是愉悅的心情，只要龍族們幸福，周遭的人都會感到幸福。另外值得一提的是，學習永遠不停歇，並不是在於「活到老，學到老」，而是為了讓自己擁有讓生命更精彩的活力與動力。唯一需要提醒的是謹慎理財的部份。

屬龍流月運勢

宜謹慎面對的月份：二月、三月、六月、九月、十二月。

1 ♦ 月運勢（2/3～3/5）

貴氣十足的月份，正巧是新的一年開始的重要時刻。好的開始就是成功的全部，新年新希望，對於龍族們而言，這是絕佳規劃事業，布局未來的啟動月。事業運理想，願有多大，力量就有多強。女士們情緣運勢佳，值得努力。

2 ♦ 月運勢（3/5～4/4）

雖然是歲祿月，不過卻是龍族們的謹慎月，只因為「六害星」主事。「六害星」是顆暗中釋放危害能量的星曜，化解的好方法就是按部就班，依照計畫行事。本月不利嫁娶。女士們的情緣事務需要多費心。合作的事務，稍安勿躁為宜。

3 ♦ 月運勢（4/4～5/5）

本命之月，大好大壞。本月不利嫁娶。由於「歲煞星」籠罩，重要事務還是暫緩為宜。不過幸運的是，由於歲德吉星與文昌星並臨協助，本月成為了事務邁向圓滿的起跑點，就從勇敢的目標設定與規劃開始。投資求財宜以納財入庫為先。

4 ♦ 月運勢（5/5～6/5）

太歲之月，大環境充滿著大好大壞的能量。不過對於龍族們來說，卻是個十分理想的成家立業月。家庭運勢頗佳，修造、遷徙、入宅與購屋換屋之舉，都值得擇吉執行。事業運也理想，「進可攻，退可守」的意境十分難得。女士們的健康事務宜多用心。

5 ♦ 月運勢（6/5～7/7）

家庭運勢持續理想，端午節的開運布局再強化，下半年的順遂與如意值得期待。財利運勢同步理想，到了該收成的時候，猶豫只會錯失良機。不過男士們還是需要謹慎面對情緣事務。喪門星與血刃星主事，安排健檢或捐血可望化解血光災厄。

6 ♦ 月運勢（7/7～8/7）

本命三煞月，諸事不宜，更不利嫁娶。謹慎理財也是需要提醒的部份，投資求財多看少動作。不過男士們的情緣運勢卻十分理想，勇敢是提升幸運指數的佳策良方。已有伴侶的男士，則宜多關心另一半的健康。事業事務宜以靜制動。

7 ♦ 月運勢（8/7～9/7）

敏感的七月，對於龍族們而言，卻是幸福指數爆表的月份。除了「歲合星」主事，還有本命「三合星」照拂，雖然是敬畏的七月，但許多事務還是宜順勢執行與出發。女士們的正緣星氣勢明顯，雖然不利嫁娶，但無礙於提升幸福指數的努力。

8 ♦ 月運勢（9/7～10/8）

圓滿的月份，更多了幸運的機會磁場，只因為圓滿的中秋，還有本命六合吉星與才華星的照拂。但擇日學依舊認為不利嫁娶，還是尊重的好。太歲將星主事，事業上有機會有更好的突破，就從勤奮的學習與佳節祝福開始。

9 ♦ 月運勢（10/8～11/7）

本命六沖之月，諸事不宜，更是不利嫁娶。再加上又有「五鬼星」作祟，人際關係的經營恐怕還需要多一些心思才行。不過幸運的是，六沖經常會是調整運勢，破除厄運的好機會，本月初四、十六、廿八宜前往廟宇拜拜祈福轉大運。

10 ♦ 月運勢（11/7～12/7）

歲破之月，諸事不宜。雖然是大環境的事，外在的事務還是尊重好。不過由於本命紫微、龍德與紅鸞吉星並臨，本月不但大利嫁娶，家庭方面的重要事務也值得順勢執行。不過男士們還是需要謹慎面對情緣事務。投資求財以納財入袋為先。

11 ♦ 月運勢（12/7～1/5）

本命三合月，再加上事業將星主事，職場瓶頸事務值得加把勁，可望獲得突破。太歲天乙貴人領導諸多吉星照拂，本月大利檢視年度業績，並設定來年的事業目標。男士們情緣運勢頗佳。白虎星職事，捐血既種福田又化解血光之厄。

12 ♦ 月運勢（1/5～2/4）

　　雖然天德吉星與福德吉星照拂，不過由於刑剋的氣場十分明顯，因此重要事務與抉擇還是避開為宜。由於氣勢處於淤滯狀態，本月執行年度收穫即可，出發之舉還是等到開春為宜。歲末年終，為過好年做準備的同時，也別忘了祝福與送禮事務的執行。

安太歲，謙虛學習以退為進

要嘛大好，要嘛大壞。就看蛇族們如何運作了！犯太歲的流年是危機，卻也是轉機。太歲當頭坐，無災恐有禍。你害怕嗎？想去蕪存菁留下「大好」嗎？

亮點色系	幸運點色系	幸運數字	吉利方位
黃色、 紅色、紫色	白色、金黃色、 綠色、藍色	4、5、8、7 及其組合	西方、 東北東、東南方

亮點色系：根據宇宙大自然或太歲星所提供較豐富的能量，充分運用會成為開運亮點元素與色系。
幸運點色系：流年運勢最需要補充與強化的元素與色系。

流年運勢

犯太歲在傳統習俗上是件不得了的事情，因此安太歲成為了必須的功課，周遭親朋好友們也一定會不斷提醒，於是出現了一種「不平安」，叫做「親人感到不平安」。

經常聽到的一句話，那就是「太歲可坐不可向」，因為「向太歲」就是沖太歲，那是今年屬豬的生肖，乙巳太歲位於「巳辰次」，而生肖豬則在「亥辰次」，屬於180度對沖的狀態。而生肖屬蛇就是乙巳蛇年「犯太歲」的生肖，同樣因太歲星在「巳辰次」，而生肖蛇也位於「巳辰次」，於是就出現了「冒犯」太歲的現象，因此蛇成為了另一個必須「安太歲」的生肖，因為「太歲當頭坐，無災恐有禍」，十分強烈的不平安訊息。讓自己和家人心安的方法就是「安太

歲」，在安太歲的同時也可以順勢為自己安排，在2025乙巳蛇年的6個「天赦日」上疏文祈福的儀式，則整個流年運勢容易獲得一勞永逸的平順吉祥，更有機會化煞為權。

然而，從命理學術的角度來說，犯太歲其實無須過於擔憂，雖然冒犯了代表流年君主的太歲星，不過實際上代表的是蛇族們的流年氣勢就像太歲星一樣旺盛與強勢，因此陶文老師總是告訴犯太歲的朋友們一個訊息，那就是一年中運勢最旺的反而是「犯太歲」的生肖，而2025乙巳蛇年就是「捨（蛇）我其誰」了。在此種流年氣勢下，蛇族們需要學習的是謙虛，凡事以退為進，寧可曲中求，不可直中取。

另外值得一提的是，由於蛇族們同時也是乙巳太歲的桃花星代表，可以想像的是這一年的人緣磁場肯定是豐沛的，因此如果可以將旺盛的太歲氣息轉化為人緣桃花的能量，則2025將會成為蛇族們12年一次的歲星旺運年。再將「蛇年開運錢母」與「三元及第紫水晶福豆」隨身攜帶，等於把好運隨身充攜帶在身邊，隨時幸福滿滿，好運充滿。

事業運勢

犯太歲是一種流年的原罪，雖然安太歲就好，不過當察覺蛇族們的官貴祿星與太歲處於對峙狀態的時候，恐怕就要謹慎面對職場事務了。這是個不宜輕舉妄動的流年，這裡指的是朝九晚五族，安排專業的學習機會成為了絕佳化解之道。企業蛇族則宜順勢調整制度，健全系統，讓公司的營運進入只問系統不問人的理想狀態。

整體而言，「木星」是化解官祿吉星沖剋危機的重要元素，而這個「木星」代表的是學習與成長，因此提升事業職場運勢能量的絕佳

策略就是學習。合作則是另一種轉化策略，屬於異業結盟式的合作，與錢財無關，與彼此釋放資源有關。另外，建議隨身攜帶黃金虎眼一葉致富石，老闆與主事者最好在辦公室的東北方擺放「獨占鰲頭」的飾品擺件。

財利運勢

犯太歲在傳統習俗上是件不得了的事情，因此安太歲成為了一種寧可信其有的必須。整體而言，2025乙巳蛇年與其說是蛇族們的財運好，不如說是財源吉星給予充沛的能量，因此這一年的投資求財，賣得好，不如買得好。換個角度來說，對於商務蛇族來說，這一年的賺錢重點在於創新。對於一般蛇族來說，也有必要跳脫習慣的理財觀念。

整體而言，蛇族們的財運以秋天最旺。春天短線運作持盈保泰，夏季低接，秋季初調節納財整理籌碼，秋末冬初分批進場，等待開春收成。

投資標的宜以不動產為佳，資產、生活穿戴、運通、ETF等概念標的值得關注。財利出現在短線，急漲與急跌是絕佳賺錢機會。

情緣運勢

不宜嫁娶，是傳統習俗對於沖太歲與犯太歲的生肖所提出的提醒。然而事實上犯太歲並不是不利嫁娶的關鍵因素，最重要的是，犯太歲對於生肖而言，這是一種能量的重疊，對於婚姻而言則有重婚之嫌，因此傳統習俗上是極大的忌諱。就婚姻是一輩子的事，需要更多的祝福看來，還是寧可信其有為宜。

雖然蛇族們是太歲桃花星的代表，不過當「偏緣星」當道的時候，恐怕還是需要妥善管理這顆桃花星，這是男士們的問題。女士們則是一喜一憂，先說憂的部份，由於正緣星沖太歲，不但不宜婚嫁，同時還需要多關心另一半的事業運勢與健康。喜的部份，則是對於很難解套的情緣來說，這是個容易因為獲得太歲幫忙而順利脫身。

開運風水

即便「太歲當頭坐，無災恐有禍」，犯太歲無須過於擔憂，因為犯太歲只要謙虛誠懇地拜拜安太歲就好了，而因為犯太歲而引動的強大流年能量，才是妥善管理與引導的重點功課，因為太歲不會傷人，人會！

引動太歲的元素雖然也有「木星」的部份，不過對於蛇族們而言，「金星」才是主要元素。就專業的「三合派風水」角度布局，才會是最為穩當的生肖開運風水。寅午戌三合集結了東方、南方與西北方的氣息，亦即木星、火星與金星都因此獲得運用。同樣也符合了《天玉經》「午山午向午來堂，大將值邊疆」的風水旺運原則。每天用天然精油或香氛，從屋宅的中間開始，到南方和西北方噴灑，最後到東方偏東北的位置噴灑香氛。其餘風水布局請參考「奇門基因風水篇」。

流年運勢亮點顏色與方位：黃色、紅色、紫色。南方、西南方。
流年運勢幸運點顏色與方位：白色、金黃色、綠色、藍色。西北方、正西方、東北東、東南方。
流年貴人生肖：猴、雞、牛、虎。

屬蛇各年次流年運勢

2001年的蛇（民國90年，辛巳年，25歲）

謹慎理財，小心投資。只因為流年偏財星雖然明顯，但能量與氣勢卻不理想，這是一種中看不中用的寫照。商務買賣與投資求財先別急著進場，多進修學習與仔細分析之後，再以就線論線的方式，並且依照計畫執行。

不宜嫁娶，單身適婚的男士們宜將生活焦點擺放在事業上，情緣的事明年再說。女士們雖然也是如此，不過由於正緣星氣勢頗佳，即便不宜嫁娶，對的人出現了先掌握再說。即便如此，還是先以事業為重。

1989年的蛇（民國78年，己巳年，37歲）

人際關係磁場活絡的今年，最值得大力執行的開運策略就是廣結善緣。不過需要提醒蛇族們的是，朋友可以借力使力，但千萬不可過度依賴。對於蛇族們今年的運勢而言，最容易出現的現象是「成也朋友，敗也朋友」。

家庭運勢格外理想，這是個大利成家立業的一年。在事業上也容易出現合作的機會，代表的是貴人氣勢明顯。只不過還是需要提醒的是，謹慎理財，只因為太歲星就是劫財星，用分享與付出化解劫財星厄勢力。至於情緣事務，稍安勿躁為宜。

1977年的蛇（民國66年，丁巳年，49歲）

進可攻，退可守。動如脫兔，靜如處子。由此可知，對於蛇族們

而言，這是個動靜皆宜的一年。能屈能伸是一種修為，動靜皆宜則是一種本事。家庭運勢頗佳，購屋、遷徙、修造都值得擇吉執行。

事業運勢動力十足，值得給予突如其來的想法，以及團隊腦力激盪的想法，落實的機會與空間。財利運勢雖然不如預期，但財源吉星氣勢頗佳，因此目標設妥了，行動方向對了，到位執行了財利將隨之到位。值得提醒的是健康的部份，過度勞累是健康的殺手。

1965年的蛇 （民國54年，乙巳年，61歲）

真正犯太歲的生肖。虛歲61歲，實歲60歲，在傳統上是不過生日的，悄悄地過，一切的美好盡在不言中。不論相不相信，這一年都要安太歲，因為祈求的是全家的幸福，不只是個人的運勢。

「水星」是流年開運必須，但宜從「金星」的強化開始，隨身攜帶「開運錢母」以及「白瑪瑙好事發生」為宜。動有餘靜不足是今年的流年特點，開運策略宜從嚴謹的計畫開始。不論男女，情緣事務都要謹慎以對。

1953年的蛇 （民國42年，癸巳年，73歲）

文昌星氣勢明顯的今年，蛇族們是幸運的。生活上可以自得其樂，事業上也容易老當益壯，財運的部份則是糧草無缺的狀態。剩下的就是健康的部份了，養生從優質食物的選擇開始，讓自己成為蛋白質資深生肖。建議安排適當的體檢，這其中將以口腔的維護優先。

值得提醒的是，居家風水到位布局十分重要，風水好，全家平安美好，自己也就沒有煩惱。這是個絕佳穿金戴銀的流年，金黃色（尤其是帝王黃）是最棒的開運色系，居家東南方的本命位置，宜擺放「黃金無限財富聚寶盆」。

屬蛇流月運勢

宜謹慎面對的月份：四月、五月、十月。

1 ◆ 月運勢（2/3～3/5）

喜悅的新春氣息，福德星高照，開啟了美好的太歲年。雖然有許多負面星曜職月，如六害、歲刑、歲刃與偏沖，不過流年開運關鍵元素出現在本月，因此容易出現鴨子滑水的好運勢，順遂如意，如人飲水冷暖自知。黃金虎眼石平安扣或一葉致富石，是本月的絕佳旺運飾品。

2 ◆ 月運勢（3/5～4/4）

歲祿星職月，同時也是自己的福祿月，這是個幸運的月份。隨著春分的來臨，天文年的開始象徵該收心了，認真面對機會磁場豐富，但充滿變數的蛇年。家庭運勢佳，重要吉事適宜執行。不過新事業的出發，有必要再檢視一番，以免掛一漏萬。投資求財，低接為宜。

3 ◆ 月運勢（4/4～5/5）

偏財星氣勢明顯，商務買賣與業務行銷都值得努力，因為有利可圖。男士們宜謹慎面對情緣事務。歲煞星再加上病符星，重要抉擇稍安勿躁，捐血一袋救人一命，種福田解災難。歲德星與月德吉星並臨，春末夏初整理心情與計畫，迎接亮麗的夏天。

4 ♦ 月運勢（5/5～6/5）

太歲月，同時也是本命月，整體運勢容易大好大壞。本月不宜嫁娶。男士們的情緣運勢頗為理想，正緣星提供了幸福的磁場。正財星投懷送抱，投資求財見好便收。新事業或事業轉型值得在本月開始啟動。人緣磁場也活絡，廣結善緣有利於貴人籌碼的積累。

5 ♦ 月運勢（6/5～7/7）

隨著夏至的腳步愈來愈近，氣溫也愈來愈高，掌握這個陽氣十足的五月，不論是風水布局，還是事業策略布局，都有機會讓上半年的旺氣獲得延續。雖然正緣星明顯，女士們的情緣運頗佳，但還是需要避開心猿意馬的對象。桃花星盛開，廣結善緣為了職場貴人。

6 ♦ 月運勢（7/7～8/7）

正緣星氣勢明顯，男士們的情緣有機會綻放。雖然成功不必在我，但合作的對象和團隊恐怕需要慎選。月犯喪門，不宜探病弔唁，勢在必行宜攜帶一包粗海鹽。女士們宜謹慎面對情緣事務，時間是最好的測試劑，多觀察為宜。事業異動不宜，因為容易每況愈下。

7 ♦ 月運勢（8/7～9/7）

歲合之月，即便是傳統七月，也難掩吉利之勢。財富星、官貴星與福氣星三吉並臨，事業出現更上層樓的機會，不要遲疑掌握就對了。成家立業的訊息出現在月令上，如果忌諱七月，正式啟動可延至下月。男士們有必要提防爛桃花，女士們另一半的運勢十分理想。

8 ♦ 月運勢（9/7～10/8）

將星主事，再加上太歲三合，本月有機會延續上週成家立業的曲目。月圓人團圓，再加上正緣星氣勢頗佳，祝福男士們可以水到渠成。正財星氣勢明顯，投資求財見好便收。家庭運勢並不理想，中秋的團聚更應用心落實。健康星出現問題，養生需要多用心思。

9 ♦ 月運勢（10/8～11/7）

紅鸞星動，再加上月德吉星照拂，按理說這是個吉利的月份。可惜的是，由於月犯死符星，對於健康需要多一分心思，避免弱化了自己的意志力事倍功半。還有小耗星，謹慎理財，為了避開防不勝防的暗劫財，化解方式在於凡事三思，尤其在歡喜花錢的時候。

10 ♦ 月運勢（11/7～12/7）

歲破月，諸事不宜。再加上又是自己的六沖月，重要吉事最好寧可信其有規避。本月不宜出遠門，只因為沖剋的是驛馬星，這是所謂的犯車關，宜留意交通安全事宜。本月不利嫁娶。重要合作事務的洽商，也還是暫緩為宜。不過女士們可以多留意出現在身邊的對象。

11 ♦ 月運勢（12/7～1/5）

擁有諸多吉星照拂的本月，自然是吉利非常。再加上又出現了「智慧生財」的訊息，代表本月的商務買賣與業務行銷值得再加把勁。雖然如此，擇日學還是認為本月不利嫁娶。事實上，男士們的正緣星氣勢穩固，人對了就不該猶豫，因為有機會娶個老婆過新年。

12 ♦ 月運勢（1/5～2/4）

　　歲合吉星照拂，即便是氣勢沉悶的臘月，也依舊有機會展現才華，將蛇年的運勢業績補滿。值得留意的是月犯白虎星，最好的策略就是捐出鮮血，化了災難，添了福氣。開創規劃的星曜十分明顯，歲末年終最值得進行的就是來年計畫與目標設定。

謹慎理財，化劫財為生財

成功在於借力，不在盡力！借力使力少費力。是的，的確如此。不過要看如何借力，以及在什麼地方使力。馬族們的2025乙巳蛇年，成在於「人」，敗也很可能在於「人」。

亮點色系	幸運點色系	幸運數字	吉利方位
朱紅色、黃色	帝王黃、銀色、尊貴紫、藍色	8、4、3、1及其組合	正東方、東南方和正南方

亮點色系：根據宇宙大自然或太歲星所提供較豐富的能量，充分運用會成為開運亮點元素與色系。
幸運點色系：流年運勢最需要補充與強化的元素與色系。

流年運勢

劫財星是顆可怕的星曜，對於財運而言是一種浩劫，因此馬族們乙巳蛇年的財利運勢建議，開宗明義就是「謹慎理財」。然而，這顆「劫財星」所浩劫的不只是金錢，還有情緣。換言之，乙巳太歲星是馬族們劫財星與情緣浩劫星的合體。

任何事物都有其一體兩面的特質，太歲星所扮演的劫財星與情緣浩劫星也不例外，重點在於如何化解星曜的負能量，轉化成太歲貴人星，那就是「化劫財為生財」、「化小人為貴人」以及「化浩劫為重生」。

面對陽光見不到陰暗，常聽人家這麼說。乙巳太歲對於馬族們而言，是個十分有意思的太歲星，只因為既是「劫財星」，同時也是生

財有道的「財源星」。這並不矛盾，只要這顆「劫財星」用對了，就是「一起創造財富」的「財源星」。

「情緣浩劫星」聽起來滿可怕的。是的！的確可怕，不過當明白這顆「情緣浩劫星」，同時也是創業與讓事業興旺的「聰明智慧星」的時候，馬族們就容易掌握住生活的品質與方向。這些種種都符合了「面對陽光見不到陰暗」的說法，亦即心在哪裡，世界就在哪裡；而時間在哪裡，成就就在哪裡。

抱持學習的心與思維和計畫迎接乙巳蛇年，安排一系列的學習，轉化太歲星能量展露的方式，同時也為明年（丙午）本命年的「大好大壞」做好準備。於屋宅和辦公室的東南方（太歲方）擺放猴子雕飾，或是猴子坐在馬背上的「馬上封侯」，最好是黃金、黃銅等金屬材質。而最好的策略就是擺放「黃金旺財無限聚寶盆」，既化劫財為生財（旺貴人財），同時也化浩劫為重生。

事業運勢

事業星氣勢活絡的流年，事業的發展與推廣自然容易獲得延伸性的成長。這是馬族們的流年亮點，值得珍惜與積極運用，創業與轉型的機會出現了就該牢牢掌握。想要讓事業星活絡的氣勢更強更旺，有兩種配套務必執行與運作，那就是學習與合作，不過執行過程還是需要有一些細微的堅持與執著。

首先由於「行動力與企圖心」的星曜氣勢十分強烈，從躍躍欲試的感覺中不難自我察覺，而落實星曜能量最好的策略就是不斷地學習。其次是合作的部份，流年太歲就是馬族們最好的合作對象，因此很明顯的就是貴人的貴助能量不可小覷，而這些貴人就在身邊宜多珍

惜。不過需要提醒的是，合作可以，合資不管事就要好好研究了。

財利運勢

與其提醒馬族們「謹慎理財」，不如謹慎提防「劫財星」的干擾，而最好的策略就是「化劫財為生財」，就從學習與模仿開始，然後才是借力使力。

從太歲的流年氣息中充滿財利吉星的身影，以及財源祿星旺盛的活力看來，這是個典型的「智慧生財年」以及「行動旺財年」。代表的是，馬族們不要限制自己活絡的思維，天馬行空的創意，躍躍欲試的企圖心，以及很想賺錢的念頭，這是個「不是得到，就是學到」訊息強烈的流年，代表的自然是Just do it。

整體來說，馬族們的財運以秋天最旺，不過是收成期；夏天最為活絡大利積極運作，春天是調整換手期，冬天則是沉潛低接期。投資標的容易出現在研究開發具未來性的高科技標的上，與AI相關的標的值得投資，還有飲食、食品類，另外貴金屬也是理想標的。

情緣運勢

桃花盛開，人緣磁場十分活絡，這是個大利積極廣結善緣，積累貴人籌碼的流年，對於馬族們而言，2025乙巳蛇年是幸運的，也是幸福的。不過對於情緣運勢而言，恐怕就要多用心思經營了，只因為乙巳蛇年太歲不但是馬族們的劫財星，同時也是情緣競爭星。

愛情需要的是絕對的信任，而這也是個最容易誤殺信任的流年，此種現象尤以女士為甚。已婚或已有伴侶的女士，務必謹慎面對另一

半的健康，安排健康檢查是必要的。男士們則要提防偏緣桃花的干擾，尤其是招惹有主之花就不妙了。十分建議將生活焦點擺放在事業的轉變上，職場一旦順心，情場自然不憂心。

開運風水

　　這是個「轉眼神，閉眼煞」的流年，四兩撥千斤的轉化成為了馬族們面對乙巳太歲星的必須策略。事實就是如此，乙巳蛇年太歲既提供了旺盛智慧氣息，同時也扮演侵蝕運氣的浩劫星，於是「化煞為神」的風水布局務必精準到位。

　　轉化太歲星煞氣負能的理想顏色是金黃色，亦即帝王黃，這是馬族們除了紫色之外的另一個開運色，衣服配件用之大吉。馬族們的本命位置在正南方，太歲星在東南方，猴子是歲合星。在住家和辦公室的東南方擺放猴子造型雕飾或馬上封侯，是理想的化煞為權策略，而黃金匾額、黃金雕飾擺件、黃金虎眼一葉致富石與黃金無限旺財聚寶盆，近似帝王黃的黃銅材質亦可。而黃金擺件的旁邊擺放一盆內置黃金葛的陰陽水，營造的是金水相映、官印相生、福澤並茂的旺運風水大格局。

流年運勢亮點顏色與方位：朱紅色、黃色。正北方、東南方、西北方。
流年運勢幸運點顏色與方位：帝王黃、銀色、尊貴紫、藍色。正東方、東南方和正南方。
流年貴人生肖：猴、虎、狗、羊。

屬馬各年次流年運勢

2002年的馬（民國91年，壬午年，24歲）

　　文昌星是今年流年的代表，也是智慧與人緣的象徵。於是，學習與積極廣結善緣成為了最為理想的旺運大策略。一個時間做好一件事則是另一個開運的堅持，目的在於聚焦，唯有聚焦才會經營出預期中的流年成就。男士們聚焦職場，情場隨緣就好。女士們情緣運勢佳。

1990年的馬（民國79年，庚午年，36歲）

　　擔任歲德吉星的馬族們，流年氣勢自然是旺盛的。只不過由於正財星氣勢並不理想，因此對於延伸性的投資謹慎為宜，短線運作，持盈保泰是股市策略。事業運勢頗佳，有機會更上一層樓，企業經營也有機會找到目標。唯要提醒的是健康，沒事多喝水。男女情緣都理想。

1978年的馬（民國67年，戊午年，48歲）

　　人生另一個境界的開始，馬族們會有所感覺的。只不過步伐上有必要放慢，讓現實可以趕得上理想。女士們宜謹慎面對情緣運勢，不見兔子不撒鷹步步為營。家庭運勢頗佳，成家立業容易成為實現的夢想，購屋置產值得進行。健康的部份宜用心，別把自己逼到牆角而不自知。

1966年的馬（民國55年，丙午年，60歲）

有夢想就該實現它，經典的說詞就是蛇年的流年座右銘。機會活絡，但方向必須清楚掌握，在釐清之前多觀察為宜。眼睛在別人身上，自信心是自己給的，就從接納自己，組建屬於自己的合作團隊開始。今年是六十甲子圓滿年，為自己安排新的學習，迎接新的六十甲子。

1954年的馬（民國43年，甲午年，72歲）

根據調查經常和朋友哈拉的人，會比相同年齡的人健康。今年是典型的人脈年，走出習慣的領域，學習新的喜好，認識新的朋友，將自己的生活經營得多采多姿，馬族們就是最棒的命運贏家。唯值得提醒的是健康的部份，沒事多喝水，早一點上床給身體更多養護的時間。

屬馬流月運勢

宜謹慎面對的月份：四月、五月、十一月和十二月。

1 ◆ 月運勢（2/3～3/5）

　　新年新希望，機會星在春風中起舞，這是計畫讓蛇年成為生命中翻揚機會的時刻。太歲福德星照拂，新的一年安太歲為的是「化劫財為生財」，因此財神廟一定要拜訪。本命三合星照拂，好的開始就是成功的全部。需要提醒的是月犯「白虎星」的部份，捐血是絕佳化解之道。

2 ◆ 月運勢（3/5～4/4）

　　歲祿吉星照拂的本月，再加上本命福德星、天德吉星和福星並臨，延續上個月的幸運，繼續落實一整年計畫需要補強的部份。本命桃花星盛開，大利積極執行廣結善緣之舉。家庭運理想，事業運也是如此，成家立業自然不在話下。這是購買不動產的好時機。

3 ◆ 月運勢（4/4～5/5）

　　春末夏初，大環境的氣場是混沌的，再加上又是歲煞星職事的月份，重要吉事還是以另擇他日為宜。幸運的是，由於歲德吉星高掛，再加上天喜星與正財星照拂，這是個有利可圖的月令，不過投資求財

還是以納財為先。男士們宜謹慎面對情緣事務。

4 ♦ 月運勢（5/5～6/5）

進入立夏，代表夏天開始了，夏日陽光開始普照大地。不過本月還是不宜嫁娶。太歲星職月，大環境容易出現大好大壞的現象，投資求財以短線運作為佳。雖然偏財星氣勢明顯，不過由於劫財星虎視眈眈，面對親友的借貸量力而為。男士們情緣運頗佳。

5 ♦ 月運勢（6/5～7/7）

本命之月，大好大壞。本月不利嫁娶。雖然將星職月，不過由於能量的重疊，這個月的職場事務多檢視再執行為宜，以免做了重工。太歲桃花星起舞，廣結善緣之舉順勢執行即可。女士們的情緣運勢理想，人對了也不該猶豫，但還是先觀察一些時間為宜。

6 ♦ 月運勢（7/7～8/7）

本命六合吉星職月，再加上太陽星照拂，這是個吉利的月份。月犯喪門星，本月不宜探病與弔唁，勢在必行請攜帶一包紅包袋裝的粗鹽。家庭星氣勢頗佳，本月大利嫁娶。不過女士們對於本月出現的對象，請持保守態度為宜。新事業或轉型有機會出發。

7 ♦ 月運勢（8/7～9/7）

驛馬星主事的本月，再加上馬族們的開運關鍵星出現了，這是一整年中運勢最為理想的月份。即便遇到了傳統的七月，也因為歲合星照拂，流月運勢容易以吉祥狀態呈現。家運依舊理想，即便七月還是無礙購屋之舉。情緣運勢女優於男。

8 ♦ 月運勢（9/7～10/8）

文昌星氣勢明顯，而歲合星與將星同時並臨，此種內外喜悅交集的狀態，更說明了圓滿的意境。此種吉利現象指的事業職場事務，因此趁著中秋佳節，卯起勁來送禮與祝賀，營造下半年的順遂。正緣星如滿月，男士們千萬不要浪費了花好月圓。

9 ♦ 月運勢（10/8～11/7）

本命三合吉星照拂，再加上才華星同步活絡，值得勇敢承接不可能的任務。官符星與五鬼星職月，依照計畫步步為營是化解之道。簽約立盟之舉，最好委請法務專家同行。另外值得提醒的是理財的部份，劫財星氣勢十分明顯，投資求財以低接為宜。。

10 ♦ 月運勢（11/7～12/7）

本月不利嫁娶。除了因為歲破，還有劫煞星干擾，本月不但宜謹慎面對情緣事務，同時也有必要謹言慎行，只因為人脈磁場不佳。女士們的正緣星雖然氣勢佳，不過還是宜謹慎面對情緣對象，有主的名草敬而遠之為宜。事業運勢有機會透過合作獲得起飛。

11 ♦ 月運勢（12/7～1/5）

　　本命六沖之月，諸事不宜，自然是不利嫁娶了。雖然馬族們的才華星身影明顯，不過由於氣勢不佳，即便機會出現了也還是宜以觀察代替行動。雖然如此，由於太歲貴人星、龍德吉星與紫微星同步照拂，對於事業而言，反而容易拜本命六沖之福沖出機會。

12 ♦ 月運勢（1/5～2/4）

　　歲合星掌握，並沒有因而呈現吉祥，反而因為本命三煞職月，而出現掣肘的困窘。歲末年終，乙巳蛇年進入尾聲，馬族們要迎接的是本命太歲年，要執行而還未執行的重要事務可順勢執行。唯需要提醒的是「六害星」的干擾，按部就班堅持到底就是最好的策略。

富貴逼人，幸福如影隨形

有一種幸福，潛藏不露，幽而不顯，但就是很幸福；有一種好運，在暗中不斷浮現，同樣就是很幸運；有一種財富如湧泉，看不見源頭，卻涓涓而來，於是「富貴逼人」成為了此種意境的呈現。

亮點色系	幸運點色系	幸運數字	吉利方位
白色、綠色、黃色	紅色、紫色、金黃色、橘色	2、0、4、9 及其組合	正南方、東南方、西南方

亮點色系：根據宇宙大自然或太歲星所提供較豐富的能量，充分運用會成為開運亮點元素與色系。
幸運點色系：流年運勢最需要補充與強化的元素與色系。

流年運勢

恭喜羊族們，出運了！走出了去年的偏沖與歲煞，乙巳年的羊族們不但開運了，同時又多了「富貴逼人」的好運意境。

2025年喜悅的天空，出現了美麗的彩霞。此種雲朵反射陽光所出現的霞彩，就像羊族們在乙巳蛇年的幸福，也和夜晚美麗的星星一樣，所展現的是隱藏性的光源，是神祕的，更是一種命運饋贈。

美麗的最高境界，就是若隱若現。而幸福的最高境界，則是無須知道為什麼，就是如意順遂地那麼自然，心想事成地那麼理所當然。仔細研究，原來是太歲星釋放出一種「拱照」式的能量，而這股能量的範疇擴及文昌、食神、智慧、人緣、桃花、財源、才華、偏財、家運、福祿、食祿、健康、事業等無所不至。如此這般的幸運，雖

然完全是太歲星的賜予，不過還是有其形成的條件，那就是「祿星拱照」。

「利多實現」是這個時候最需要提防的現象，而這個時間點容易出現在夏天，因此有任何重要的事務最好避開第二季，而平日愈順遂愈需要謙虛與謹慎，因為極容易樂極生悲。至於提升此種幸運磁場能量的策略，那就是《天玉經》所說的「午山午向午來堂，大將值邊疆」的意境。請在每天的龍時（7點至9點）依照中宮（客廳）、正南方、西北方和正東方的順序噴灑香氛，最後在家人、自己身上或衣服配件上噴灑香氛，讓「福星與祿星拱照」的吉象如影隨形更落實。

驛馬星是乙巳太歲賜予羊族們的另一個饋贈，由於此驛馬星與事業、財富星出現共振現象，對於有意開創國際事業或想將事業觸角與事業版圖延伸到國際市場的羊族們，在2025年有機會如願以償。再不然也會興起投入實現外語學習的意念與行動，甚至於出國進修與進行國際性的廣結善緣，讓貴人的籌碼出現國際性的積累。

事業運勢

聚焦是一種習慣，更是一種修為，同時也是邁向成功的策略。

文昌才華星氣勢明顯，這是個理想的創業有成的流年，對於企業羊族們來說，則是有機會成功的轉型與延伸性發展的一年。只不過，還需要搭配滿滿的信心與細密的規劃，更需要聚焦式的行動力與策略，用百分之八十的資源，聚焦在百分之二十的理想目標上，而處於卡關狀態的事務，不但有機會獲得突破，職場的小人也容易轉化成為貴人。

學習是另一種展露與放大太歲星幸運磁場的模式，透過學習才有

機會啟動所有好運勢的「文昌星」大能量，而所謂的「牽一髮動全身」應該就是這樣的意境。

財利運勢

　　財源吉星照拂的今年，財利運勢自然是活絡的。只不過，此顆「財源吉星」處於一種「借力使力」的狀態。也就是說，羊族們的財運需要透過合作或模仿與學習，才有機會大放異彩。共創多贏就從合作開始，而最好的策略還是以共同組建賺錢團隊為佳。

　　對於個人的投資求財來說，最重要的賺錢原則就是定好計畫，並且以「守紀律」的態度依照計畫行動。獲利賣點，調節獲利不猶豫。停損訊息出現了，認賠了結不要遲疑。承接低點出現了，進場布局順勢而為。

　　整體來說，羊族們的財運以冬天最旺，秋天布發財局，夏天宜保守，春天階段獲利與營造區間財利。投資求財宜以市場趨勢概念股為主要標的，AI相關的概念股、先進封裝與共同封裝光學元件、高速傳輸、金融與營建類股。

情緣運勢

　　商場如意，職場也如意，但情場就要多留意了。適婚而想婚的男女生面對乙巳蛇年，最好的策略將會是「聚焦」，將生活焦點擺放在事業上，情愛與情緣的事務隨緣就好。之所以這麼建議的原因，是因為不論男女生所面對的流年現象是「偏緣星」當道。面對今年出現的對象，不論男女需要用單純的心與思維面對，過於快速的認定，容易

引動後悔莫及的無奈。

從整體磁場的運轉態勢觀察，發覺已婚或已有伴侶的羊族們，情緣幸福指數容易進入逐步攀高的意境，宜珍惜相偎相依互為貴人的前世註定。另外值得一提的是，對於辦公室戀情還是謹慎一點的好。

不論是單身還是已有伴侶，都需要多愛自己，就從布局幸福的家開始。良禽擇木而棲，構築溫暖的窩，不光是為了自己，同時也為了整個家庭，為了另一半與未來另一半，以及彼此的恬適。

開運風水

有一種幸福叫做「如影隨形」，另一種幸運則被稱為「理所當然」，這是羊族們的流年運勢。

不過，不論是「如影隨形」也好，「理所當然」也罷，都需要條件形成與維繫，而風水布局是最為理想的維繫策略，而布局的重點方位就在東南方與正南方。

每天在龍時噴灑香氛是一種策略，而在居家和辦公室的正南方點一盞「文昌貴人燈」，以及擺放內置「開運錢母」的「雙鰲護寶神龍穴」，還有在東南方擺放「陰陽水」，為了營造飛龍在天的氣勢，此幸運的神龍將從東南方起飛，飛至正南方結龍穴，並且收納起太歲星所賜予的幸福與好運勢。

流年運勢亮點顏色與方位：白色、綠色、黃色。西北方、正西方、正東方。
流年運勢幸運點顏色與方位：紅色、紫色、金黃色、橘色。正南方、東南方、西南方。
流年貴人生肖：猴、雞、馬、蛇。

屬羊各年次流年運勢

2003年的羊（民國92年，癸未年，23歲）

太歲文昌星氣勢十分明顯，十分符合活動力超強的年輕羊族們。雖然流年磁場中，財富星的能量也明顯而旺盛，不過如果可以將此旺盛的精力用在未來整體生涯規劃上，應該會更符合太歲星所賜予的福氣。男士們宜謹慎面對情緣事務，女士們的正緣星氣勢頗佳，雖然年輕但一旦理想的對象出現了，還是值得用心用力珍惜。健康星磁場並不理想，養生概念與習慣有培養的必要。

1991年的羊（民國80年，辛未年，35歲）

偏財星氣勢頗佳，這是個財利運勢旺盛的一年，商務買賣與業務行銷都值得加把勁。男士們的情緣運也理想，但需要加倍積極行動，才不至於目送良緣投入別人懷抱。女士們的情緣運比男士好，不但正緣星氣勢明顯，同時正緣星也在釋放呵護的磁場。事業運亦佳，設妥目標向上連結，即便未能登上高位，也會成為業界的熱搜對象。幸運的是，貴人協助的磁場十分明顯，宜積極廣結善緣。

1979年的羊（民國68年，己未年，47歲）

無心插柳柳成蔭，這是個有意思的一年，因為接下來的就是「有心栽花花不開」。換言之，這是個不需要過度執著的時段，而就命理

學術角度來說,「異路功名」是此種現象的描述。雖然如此,對於事業的經營卻出現了以靜制動的現象,太大的異動容易引來每況愈下結果。女士們的情緣,也是如此。另外要提醒的就是謹慎理財的部份,只因為劫財星暗中虎視眈眈。

1967年的羊（民國56年，丁未年，59歲）

才華星氣勢頗佳,再加上貴人磁場頗盛,這一年有機會透過合作而展現理想,就從積極廣結善緣開始。家庭運勢亦佳,重要吉事宜擇吉執行,購屋置產,婚姻嫁娶,成家立業,都有機會如願以償。唯一要提醒的是健康的部份,多補充水分與良好的作息十分重要。投資求財宜設定計畫,再依照計畫行事,堅守紀律才有機會化劫財為生財。

1955年的羊（民國44年，乙未年，71歲）

人生的夢想無所不在,而人生最美麗與最幸福的就是可以圓夢,如願以償,隨心所欲,而這是羊族們在2025乙巳蛇年的流年運勢寫照。因此這一年最值得執行的就是大膽許願與作夢,並且設定目標與時程,願有多大,力量就有多強。人生七十才開始,在人生另一階段的開始年,值得構築下一個50年人生計畫。投資求財的部份,有機會成功合作,但遊戲規則一定要先設妥。

1943年的羊（民國32年，癸未年，83歲）

天底下最大的幸福,在傳統上認為是吃得下、拉得出,還有睡得著。事實上,除了這些還有精神上的善待自己,那就是拿得起、放得開、看得透。對於羊族們而言,這是個讓羊族們享受的流年,除了食祿星氣勢明顯,還有不虞匱乏的財富星,以及提供幸福與健康的福祿星,而這些星曜的啟動,就從自得其樂開始。

屬羊流月運勢

宜謹慎面對的月份：正月、三月、八月、九月、十一月、十二月。

1 ◆ 月運勢（2/3～3/5）

　　新年新希望，新年新計畫，而這個計畫中最好以營造優質人際關係為主要軸心。雖然本月不利嫁娶，但對於合作的事務卻適宜給予有計畫性的安排。朋友星、龍德星、紫微星並臨，再加上新春氣氛，這是絕佳的廣結善緣時機，就從勤奮拜年開始。

2 ◆ 月運勢（3/5～4/4）

　　歲祿之月，再加上又是太歲三合月，因此諸事皆宜。由於太歲將星是本月的主要氣息，因此事業上新年度的出發可望獲得方向性的調整，讓羊族們成為扎扎實實的流年幸運生肖。不過女士們還是需要謹慎面對情緣事務，聰明人會將生活焦點擺放在事業上。

3 ◆ 月運勢（4/4～5/5）

　　歲煞之月，大環境的磁場並不理想。由於這也是羊族們的偏沖之月，因此即便出現了歲德、天德與福德三大吉星照拂，任何攸關日後運勢旺衰的抉擇，還是稍安勿躁為宜。雖然如此，由於智慧才華星氣勢明顯，此刻適宜檢視開春後的績效，做好準備迎接好運即將來臨的第二季。

4 ♦ 月運勢（5/5～6/5）

　　進入立夏，夏日正式來臨。從此刻開始羊族們一整年的好運勢，獲得了正式啟動的能量。首先最容易感受的就是「成家立業」，有意購屋或換屋的羊族們值得進場賞屋，而健康運勢也出現了正能量，身強力壯自然容易將好運以積累與匯聚的方式呈現。文昌星氣勢頗佳，貴人也將如期而至。

5 ♦ 月運勢（6/5～7/7）

　　本命六合星照拂的本月，自然是吉利可期。由於家庭星氣場同步理想，對於組建家庭和組建團隊，甚至於創建公司來說，這是個容易心想事成的時機點，感覺對了，計畫與目標也擬定了就該大利執行。不過，男士們還是需要謹慎面對情緣事務。

6 ♦ 月運勢（7/7～8/7）

　　本命之月，大好大壞。本月不利嫁娶。雖然如此，由於才華星氣勢明顯，對於突如其來的點子，就該給予詳細的紀律，因為很可能「無心插柳柳成蔭」的好事就出現在本月。男士們正緣星氣勢佳，人對了就該積極行動。女士們有必要多留意婦科方面的養護。

7 ♦ 月運勢（8/7～9/7）

七月的傳說總是令人敬畏，諸事不宜是傳統的認知，還是尊重的好。不過今年的七月卻是一年中最為理想的好月，只因為「歲合星」主事，同時也轉化出正向的磁場，雖然還是不利嫁娶，但其餘大事還是有機會因為積極執行，而獲得圓滿的結果。女士們正緣星氣勢佳，該主動的時候就不該猶豫與矜持。

8 ♦ 月運勢（9/7～10/8）

一年中最具有圓滿含意的節日出現在本月，那就是中秋節。太歲將星與本命文昌星交織，事業上的轉型與轉進都值得努力執行。不過對於新事業的出發，以及職場跑到的轉變，還是稍安勿躁為宜。職場貴人氣勢佳，佳節的祝福只能多不能少。女士們宜謹慎面對情緣事務。

9 ♦ 月運勢（10/8～11/7）

本命偏沖的本月，重要吉事還是迴避的好，這其中又尤以家庭重要事務為最。本命三煞星主事，除了謹慎行事，還有必要妥善管理自己的情緒。健康星磁場不佳，最大的忌諱就是加班熬夜。男士們的異性貴人值得珍惜，女士們則需要提防同性的弄巧成拙。

10 ♦ 月運勢（11/7～12/7）

本命三合星主事，本月諸事皆宜。不過還是值得提醒的是「歲破」，大環境容易出現變數與亂數，對於投資求財而言，需要留意的是如何「見好便收」。在東南方布置「合太歲」風水局，容易出現名利雙收的吉利效應。雖然如此，男士們還是需要謹慎面對情緣事務。

11 ♦ 月運勢（12/7～1/5）

月德吉星照拂，再加上「桃花星」主事，這是個絕對有利人際關係拓展的時段。不過由於「六害星」當道，重要事務的執行，最好依照計畫順勢而為。謹慎理財，只因為劫財星氣勢頗盛。男士們雖然正緣星氣勢佳，但還是需要多一些觀察的時間。

12 ♦ 月運勢（1/5～2/4）

本命六沖月，不但不利嫁娶，更多的是諸事不宜。不過就五行氣數的角度觀察，發覺許多事情，反而容易出現愈沖愈旺的反向效果。面對歲末年終，宜將生活焦點擺放在事務的突破上。年度檢視是本月的必須，以便為超吉利的馬年做好準備。

官印相生，壯大強勢名利雙收

請叫我第一名！歲合星是我的籌碼，歲德吉星是我強硬的背景，官印相生是我的優勢後台，名利雙收則是太歲的饋贈。我是猴子，請叫我第一名，我有能力成為很多人的貴人。

亮點色系	幸運點色系	幸運數字	吉利方位
紅色、黃色	藍色、金黃色、白色、墨綠	6、4、5、7 及其組合	正西方、東南方、西北方

亮點色系：根據宇宙大自然或太歲星所提供較豐富的能量，充分運用會成為開運亮點元素與色系。
幸運點色系：流年運勢最需要補充與強化的元素與色系。

流年運勢

想要擁有很多貴人，就要先成為很多人的貴人。這是猴子們在2025乙巳蛇年的流年開運寫照，只因為猴子們是今年太歲星的絕佳搭檔「歲合星」，合住太歲星氣勢，舒緩太歲星的戾氣，放大太歲星的君主權勢之外的祥和一面，再成為猴子們的智慧創作星生旺財星的籌碼。

「乙巳年」對於猴子而言，是一種「財官相生、名利雙收」的流年運勢代名詞，幸運生肖的榜首非猴子莫屬，於是猴子們更名正言順地因為擁有太歲旺盛的資源，而能夠成為別人的流年大貴人。

乙巳太歲星同時也提供了猴子們的「官印相生」能量，這是一種「權勢相濟」的現象，對於事業運而言，更是亨通的象徵，這是一種

值得放大的順遂貴氣。然而想要放大這種吉象，就必須從猴子們的家庭與氣氛的運作與布局開始。因為對於生活而言，此種「權勢相濟」指的就是幸福與美滿，在乙巳太歲的五行氣勢結構中，猴子們的家庭運是吉祥如意的，因此對於有意購買幸福好宅的猴子們來說，實在不需要在乎目前房價的居高不下，因為只要選對了自己財務上可以承擔的風水幸福好宅，家運就不難翻上一番。

由此可知，猴子們的流年好運勢是由外到內的，而好運勢的維繫與放大就必須由內到外，此種現象自然也適用在自我成長的部份。就從建立自信並且將「自信」轉化成可以強化自身能力的思考模式開始，這也就是所謂的「自助天助」，亦即老天爺會幫助願意幫助自己的人。

其次就是健康的部份，運勢裡裡外外的強大，都需要健康作為基底，尤其在這個充滿機會的流年，承接並放大機會都需要靈活的思緒，因此充分的睡眠是重要的。

事業運勢

名利雙收不但是一種期許，也是太歲星所提供的資源與責任。

對於企業猴子而言，這是個適宜大展身手的流年。不論是轉型，還是新事業的出發，都有機會在此種流年下獲得旺盛的成長動能。只不過，需要搭配周延的計畫與團隊，還有可以創造曝光度的行銷策略。機會來了，時機也出現了，猶豫只會暴殄天物。

對於一般猴子而言，需要的則是自我成長的規劃，就從專業的學習開始。不過學習的重點需要聚焦對的地方，所謂「對的地方」並不是彌補弱勢的部位，而是強化本來就很強勢的部份，唯有壯大強勢才

有機會營造所謂的「名利雙收」。年輕猴子更可以用考取證照的方式，營造提升競爭力的本錢。

財利運勢

名大於利的時候，需要聚焦的就是名，擁有更強大、亮眼的名，最終可以轉化為豐沛的財利。

雖然2025乙巳蛇年的太歲為猴子們帶來了正財星，但由於這顆正財星氣勢並不理想，同時又處於劫財星的勢力範圍，因此在許多好運的祝福下，還是必須提出謹慎理財的警示。雖然如此，還是可以借風水布局化劫財為生財，進而名利雙收。那就是在公司、店面與居家的玄關、迎賓位擺放綠色水土共養的銅錢草，隨身攜帶黃金虎眼一葉致富石。

整體來說，猴子的財利運勢以春天為旺，夏天收成，秋天謹慎理財或低接，冬天向上布局。投資標的宜以金融概念股、綠能概念股、電信、網通、AI、汽車電子概念股等。以及目前財報不理想，但可以看到超前部署的行動痕跡的公司。

情緣運勢

成家立業是人生最重要的期望與目標，只不過家庭運好並不代表愛情運也同步理想。

對於男士們而言，雖然正緣星磁場十分明顯，也處於六合狀態，這是愛情圓滿、婚姻幸福毋庸置疑，但到了該收成的時候，就不應該躊躇不前。而已經有伴侶的男士，不但要多愛一些，更需要支持另一

半追求理想的圓夢計畫。

女士們的正緣星同樣明顯,這是一種紅鸞星動的寫照,在這一年進入婚姻最容易掌握營造幸福人生的大籌碼。太歲星在正緣星的位置,同時也提供了「旺夫」與「幫夫」的元素,因此對於生肖屬猴的另一半而言,珍惜伴侶是必要的,因為她是猴子們的流年大貴人。生肖屬猴的單身女士們,則宜將生活焦點擺放在事業上,別人情場如意,妳是職場得意。

開運風水

得天獨厚是猴子們在乙巳蛇年的天賦,好運遠遠勝過其他的生肖,只不過在這麼多的幸運能量中,還是需要源源不斷的動力,而目標與企圖是引動此種動力的元素。除了持續學習提升自己的眼界風水外,「吸引力法則」會是好策略,那就是在經常看到的地方張貼隨時提醒自己的圖文。

其次在居家和辦公室的正北方擺放圓形或球形的水晶,或是雕飾、擺件與植栽。例如:地球儀、紫水晶球、黃金虎眼石球、白水晶球或是圓形的山水畫。隨身攜帶龍銀、紫水晶三元及第福豆、黃金虎眼一葉致富石、墨翠黃金回頭祿、開運錢母。旺財的植栽則是銅錢草,擺在辦公桌上與居家玄關具有化小人為貴人,化劫財為生財的風水作用。

流年運勢亮點顏色與方位:紅色、黃色。正南方、西南方、東北方。
流年運勢幸運點顏色與方位:藍色、金黃色、白色、墨綠。正西方、東南方、西北方。
流年貴人生肖:鼠、蛇、龍、豬。

屬猴各年次流年運勢

2004年的猴（民國93年，甲申年，22歲）

　　成功是借力，不是盡力。成功的人知道如何充分使用資源，其中最為珍貴的就是人脈資源。對於猴子來說，乙巳蛇年就是這樣的流年，擁有充沛的人脈資源，只要學會了借力使力，就不難縮短單獨奮鬥的時間。最直接，也最有效率的成長就是學習，向朋友學習，向達人學習，為的就是借助精確的力量，吸取他們的活躍的能量。女士們的情愛運勢頗佳，到了可以穩定的時候，就別再掙扎了。

1992年的猴（民國81年，壬申年，34歲）

　　智慧創作星氣勢頗為鮮明，代表乙巳蛇年將會是猴子們的行動與創作年，適宜新事業的開創，原有事業的轉型與延伸更是理想時機。只不過需要提醒的是，由於行動舞台出現了變化，因此最好的策略將會是自己主導創造出一個屬於自己的舞台，AI時代建立一個獨立網站易如反掌。財利運勢也是如此，合作事業務必建立清楚的遊戲規則，金錢、利益、職權愈清楚愈容易成功。男士們宜謹慎面對情緣，女士們雖然因為正緣星明顯，而容易成就姻緣，不過已婚或有伴侶的女士，則需要提防變數的發生，另一半的健康更馬虎不得。

1980年的猴（民國69年，庚申年，46歲）

　　十二生肖中猴子的運勢最為理想，而眾多猴子中又以這個年次的猴子最好運。同時擁有歲德吉星與歲合星照拂，真正的得天獨厚讓人羨慕。這是典型的創業或事業飛躍年。這一年要財有財，要名有名，需要搭配的就是設定目標與願望，目標多大多明顯，力量就有多強。一般朝九晚五猴子，則為自己安排可以翻轉的學習課程，以及考取證照。家庭

運佳，這也是典型的成家立業年，不論男女都有機會擁有正緣星。親愛的，我們結婚吧！

1968年的猴（民國57年，戊申年，58歲）

文昌星和歲合星同步演化出財源星生財，這是太歲星的演化密碼，也是典型的心想事成。家庭運十分理想，與家庭幸福有關的重要事務，值得積極執行。有意購買屋、換屋者，適宜進場賞屋。其餘猴子則將居家布置的更溫暖，好運指數容易獲得提升。對於猴子來說，這是個靜極思動的一年。事業方面，可以轉型，也可以出發，就是不適宜出現翻天覆地型的巨大變革，只因為容易出現每況愈下的情況。情緣方面，男女都有必要謹慎面對。

1956年的猴（民國45年，丙申年，70歲）

人生70古來稀，現今70當少年。乙巳蛇年太歲提供給猴子的是祝福，再加上歲合星所合的正巧是日祿星加文昌，代表這是個可以展現舞姿的舞台。還在事業線上的猴子，宜掌握住蛻變的機會，其餘已然退休的猴子，則用喜悅的心情迎接嶄新的人生境界。家庭運勢十分理想，將生肖風水布局好，整體家庭成員的事業都有機會豁然開朗。請在居家或辦公室的西南方，點一盞「龍穴旺運燈」，再加上隨身攜帶黃金虎眼一葉致富石與開運錢母，則名利雙收將不會因為年齡而受到侷限。唯需要提醒的是健康的部份，多喝水，多運動，身強體壯好運旺旺來。

1944年的猴（民國33年，甲申年，82歲）

歲合星出現了，猴子們的幸福就跟著浮現。這是個對於健康有極大助益的一年，建議安排完整的健康檢查，讓享受美麗人生可以用表裡一致的方式進行。老朋友就像星星，雖然不常見到，卻永遠知道在哪裡。老朋友是最懂你的人，也是最能夠和自己一起享受回憶當年的對象。值得提醒的是財利的部份，由於劫財星氣勢明顯，宜謹慎理財，對於親友的支借務必量力而為。投資求財也同樣需要謹慎以對，與其追求豐厚的大財利，不如務實運作，避免因為錯手而傷了荷包。

屬猴流月運勢

宜謹慎面對的月份：正月、六月、七月、十月、十二月。

1 ◆ 月運勢（2/3～3/5）

本命六沖之月，不宜遠行，只因「驛馬星」處於沖剋狀態。新春期間最為理想的旺運策略，自然是放大恭賀新年的範圍，以及拜財神與安太歲。本月不利嫁娶。家庭運勢頗佳，值得和家人規劃一整年的行動目標。男士們謹慎面對情緣事務。

2 ◆ 月運勢（3/5～4/4）

本命財祿月，投資求財有利可圖，商務買賣與業務行銷都值得努力。歲祿星和紫微與龍德三大吉星並臨，本月諸事皆宜，同時也大利嫁娶。家庭運勢持續理想，重要吉事值得擇吉執行。男士們的正緣星氣勢明顯，是絕佳相親與說媒的時機。

3 ◆ 月運勢（4/4～5/5）

本命三合月，理應諸事皆宜，不過由於正值歲煞星主事，重要吉事還是稍安勿躁為宜。雖然如此，由於才華星主月，機會出現了就該積極承接。月犯白虎，冒險的運動避之為宜，捐血是絕佳化解之道，一紅化九災。謹慎理財，只因劫財星暗中虎視眈眈。

4 ♦ 月運勢（5/5～6/5）

本命六合月，再加上天德吉星照拂，即便是太歲月，本月依舊諸事皆宜。雖然女士們的正緣星氣勢頗佳，不過由於存在著一種競爭氣息，謹慎面對是必要的認知。福星高照，家庭運勢也理想，重要事務值得擇吉執行。借力使力則是另一個旺運策略。

5 ♦ 月運勢（6/5～7/7）

本命文昌星高照，人際關係與投資求財都有機會順遂如此。女士們對於愛情的事務，還是靜觀其變為宜。家庭運依舊理想，搬家、入宅、修造之舉皆可擇吉執行。事業運勢雖然理想，不過重大異動，還是避之為宜。

6 ♦ 月運勢（7/7～8/7）

本命三煞星主事的月份，不利嫁娶，其餘重要吉事也最好避開。偏財運勢頗佳，商務買賣與業務行銷都有利可圖，不過投資求財宜見好便收。太歲喪門星與本命病符星交織，不宜探病與弔唁，勢在必行請攜帶一包粗海鹽。

7 ♦ 月運勢（8/7～9/7）

本命之月，大好大壞，本月不利嫁娶。商場上的合作事務的洽商，宜審慎進行，感覺不對馬上撤退。歲合星職月，大環境是吉利的，因此對外的事務依舊可順勢而為。月犯五鬼星，許多常態性的重要事務，有必要依照計畫行事。

8 ♦ 月運勢（9/7～10/8）

本命六合月，同時也是太歲三合月，本月諸事皆宜。太歲將星加上本命桃花星，事業貴人氣勢明顯，大利廣結善緣。不過值得提醒的是，由於劫財星暗中虎視眈眈，謹慎理財是必要的認知。男士們正緣星雖然明顯，不過還是需要小心別招惹有主之花。

9 ♦ 月運勢（10/8～11/7）

事業貴人星氣勢十分明顯，有機會曝光就別客氣。女士們的情緣運勢理想，只因正緣星氣勢佳，本月適宜嫁娶。太歲紅鸞吉星與月德吉星雙星並臨，即便出現了喪門星的身影，也依舊諸事皆宜。男士們請關心另一半的健康，建議安排健康檢查。

10 ♦ 月運勢（11/7～12/7）

本命文昌星值月，人緣磁場頗佳，積極廣結善緣是理想旺運策略。女士們宜謹慎面對情緣事務。偏財源吉星氣勢旺盛，再加上事業貴人星相挺，名利雙收成為了本月的事業目標。本命六害星和官符星一起暗中作祟，事務的執行宜按部就班，步步為營。

11 ♦ 月運勢（12/7～1/5）

本命三合星照拂，再加上將星氣勢明顯，事業運勢十分理想。由於家庭運勢同步理想，接近年終該開始為家人計畫新年的全家活動方案。男士們宜謹慎面對情緣事務。月犯官符星，攸關法律的事務，最好安排法務專家陪伴。

12 ◆ 月運勢（1/5～2/4）

　　進入龍年倒數時段，出現了月德吉星身影，大利檢視一整年的行事，以及迎接馬年的計畫。家庭運頗佳，歲末年終整理居家準備接「天心」再旺一整年。值得提醒的是，健康磁場並不理想，正常作息外，記得隨時添加衣物。女士們留意婦科的保養。

轉化能量磁場，啟動旺運勢

做好一件事，啟動所有旺運勢。雞族們擁有乙巳太歲星提供的三大吉利好運，但太歲星還是為德不足地需要雞族們做好另一件事，才能夠啟動與放大這三件超大旺運勢。

亮點色系	幸運點色系	幸運數字	吉利方位
紅色、白色	蔚藍色、深綠色、金黃色	3、5、4、2 及其組合	西南方、東南方、正東方

亮點色系：根據宇宙大自然或太歲星所提供較豐富的能量，充分運用會成為開運亮點元素與色系。
幸運點色系：流年運勢最需要補充與強化的元素與色系。

流年運勢

太歲三合星加上太歲將星照拂，這將會是個亮麗的一年，此種得天獨厚的亮麗12年才會出現一次，相當值得雞族們珍惜。重點是太歲運用三合的方式提供雞族們三個十分珍貴的吉利磁場，一是官貴星的氣息，這是協助事業有成的大能量，企業雞族們可望順勢躍升與擴展經營範疇。其二是，家庭運勢順遂的能量，雞族們順著這股能量將居家和辦公室的空間布局得當，所營造出來的不只是家宅平安，還有產業興盛，同時也將營造出健康與幸福的磁場。其三是貴人星的大能量，貴人星帶著太歲的氣息，以及伸出橄欖枝的援手，釋放出事業、家庭、健康與人緣的正向能量。於是乎，雞族們進入的流年幸運生肖排行榜的行列。

不過值得說明的是，前述之種種吉利磁場與能量想要真正到位發揮，還需要經過加工與調配才能夠完整展現，否則容易出現顧此失彼，抓龜走鱉的結果，因而受到影響的將會是以財利運勢為主的「暗劫財星」。雖然「暗劫財星」未必是「大災星」，但還是「劫財星」，不過經過轉化的「暗劫財星」反而容易成為幫助生財的「暗貴人星」。想想看一種場景，那就是忙著忙著案子就成了，衝著衝著業績就順了。是的！這就是「暗劫財星」獲得轉化後的場景。

　　事實上，化解「暗劫財星」負能量的策略十分簡單，就從分享資源，積極幫助別人，成為很多人的貴人開始。很多人不知道，這個「暗劫財星」影響的不只是錢財，還有事業成就與健康。而在一定規則下的合作，先付出，才能富足。如此一來，不但營造了共好、共存與共容的旺運磁場，同時也消耗了「暗劫財星」的負能。另一個轉運策略就是做善事種福田，對於弱勢的捐贈不吝嗇，對於公益的奉獻不遺餘力。還有就是風水布局的部份，在居家和辦公室的西南方擺放「陰陽水」，圓形玻璃魚缸再加上水生植物或黃金葛。最重要的是，「西南方」是雞族們整體乙巳流年運勢轉化的關鍵地理位置，是特殊「龍穴位」，在居家和辦公室的西南方擺放內置「開運錢母」的「琉璃雙鰲護寶神龍穴」，收納太歲星的寶貴贈與，並轉換成流年旺運大元素。

事業運勢

　　人抬人，抬出偉人；僧抬僧，抬出高僧。這是個相互協助相挺的世界，而目前的世代更是強調異業結盟，與其單打獨鬥，不如團隊合作，一起營造成功的資源與成果。

　　將星是太歲星提供給雞族們的流年禮物，代表的是只要努力事業

容易功成名就，只不過伴隨在將星身邊的是貴人星的身影。此種現象要告訴雞族們一個訊息，那就是「成功是借力，而不是盡力」，這就是所謂的「專業只能讓你求生存，人脈關係才會使你脫穎而出」。

企業雞族有機會放大營運範圍與籌碼，一般雞族也可以透過學習讓自己在事業職場上的地位屹立不搖。升遷的機會出現了切莫猶豫，合作的機會出現了就該放膽掌握。

財利運勢

偏財星氣勢明顯，按例說這是個財運亨通，有利可圖的一年。就太歲五行結構角度來說的確如此，只不過太歲氣勢結構中出現了一些但書，唯有將這些但書實現了，財運亨通的景象才有機會實現。

首先，最好聚焦在如何經營事業，如何做出口碑，有了口碑財富將不請自來，因此對於雞族們來說，乙巳蛇年與其為錢奔波，不如以成就事業與名聲為底氣。其次是合作的部份，與其在防範劫財，不如張開雙臂與思維，用智慧來化劫財為生財，那就是有策略的合作。

整體而言，雞族們財運以春天最旺，但見好便收；夏天做好功課，秋天布局承接，冬天加碼為來年春天的財富布局。投資標的以民生概念、穿戴與通信科技、大宗物資、營建類股、消費金融概念股等為佳。

情緣運勢

正緣星氣勢明顯，對於男士來說這是個容易擁有好情緣的一年。不過謹慎選擇對象是必要的，為的是避免因為爭風而傷神。已有伴侶的男士，宜多關心另一半的精神壓力與健康，只因為白虎星作祟。

女士們的事業磁場頗佳，宜避免過度投入事業而忽略家庭，耽誤了婚姻。恭喜已有伴侶的女士，只因為在本命流年氣勢結構中，另一半的事業容易出現躍龍門式的發展。溫馨提醒另一半是屬雞的男士們，多珍惜多疼愛另一半，因為她是你今年的太歲大貴人。

不論男女，想要讓整體運勢獲得提升，居家的風水布局十分重要，女士們的正緣星在東南方，男士們的正緣星則在正東方，請參考「奇門基因風水篇」布局。

開運風水

雞族們在2025乙巳蛇年需要營造轉化能量的磁場，才有機會將太歲富貴贈與的神效完全發揮。

除了前文所說的「在西南方擺放有綠色植物的陰陽水」以及內置「開運錢母」的「琉璃雙鰲護寶神龍穴」之外，另外就是隨身攜帶「黃金虎眼一葉致富石」，讓好運如充滿生命的樹葉一樣欣欣向榮，以及充滿開運元素的「墨翠黃金回頭祿」。

另外，雞族們的本命位在西南方，在此擺放「文昌燈」提升本命運勢能量，可以用鹽燈、檀燈、文昌塔燈或琉璃雙鰲護寶神龍穴燈。不過就《天玉經》的「坤山坤向坤水流，富貴永不休」寶典記載，那麼東南方的「聚財無限黃金聚寶盆」就成為了必搭配的寶物了。

至於開運顏色的部份，選用具有旺財能量的色系，那就是藍色與黑色，而「蔚藍色」將會是最佳選擇。

流年運勢亮點顏色與方位：紅色、白色。南方、正西方、西北方。
流年運勢幸運點顏色與方位：蔚藍色、深綠色、金黃色。西南方、東南方、正東方。
流年貴人生肖：猴、牛、豬、鼠。

屬雞各年次流年運勢

2005年的雞（民國94年，乙酉年，21歲）

　　人比人，氣死人；命比命，氣成病。比爾‧蓋茲說：「別拿你自己與世界上的任何人比較。這麼做，是在侮辱你自己。」聰明人永遠和昨天的自己比。這是人脈磁場活絡的一年，只不過最好走出習慣領域，結識不同的人脈，對於未來的事業具有強大的幫助。向朋友學習，向達人學習，記住只學習不合作。男女生都要謹慎面對情緣事務。

1993年的雞（民國82年，癸酉年，33歲）

　　進可攻，退可守。這是一種規劃之後的優質境界，同時也是太歲星提供的資源，值得珍惜與善用。文昌星氣勢雖然明顯，但能量稍嫌不足，許多事情只想不做是正常現象。事業運勢頗佳，有機會展現專業而獲得肯定。情緣運女優於男，人對了就該積極行動。財運也理想，同時展現了智慧生財的現象，代表這是個有機會創業的流年，就從小做開始，有機會由小而大。

1981年的雞（民國70年，辛酉年，45歲）

　　財官相生，名利雙收。沒錯！這是雞族們於乙巳蛇年的運勢寫照。雖然如此，事業上還是以既有資源與未來的規劃交織運用。這其中的「未來」尤其重要，並且需要步步為營與按部就班的節奏與策略。家庭運理想，重要事務可擇吉執行。女士們的情緣運勢亦佳，值

得為幸福努力。男士們需要謹慎了，已有伴侶的雞族宜關心另一半的健康。

1969年的雞（民國58年，己酉年，57歲）

這個世界唯一不變的就是變，當轉變的機會出現了，掌握住就是脫胎換骨，這是個可以讓自己的世界更美好的一年。事業運勢游刃有餘，進退有據，拒絕當海軍陸戰隊就能夠鴻運當頭。值得一提的是，事業上的重大異動三思為宜。家庭運頗佳，值得為幸福努力。女士們宜謹慎面對情緣運勢，因為方向不對辛苦白費。金錢運的部份，重點在於曝光度與名氣。

1957年的雞（民國46年，丁酉年，69歲）

健康是最大的財富，也是雞族們在乙巳蛇年的首要功課，化解之道就從安排健康檢查開始。財利運勢的好與壞與人脈有關，只因為這是個有機會以借力使力的方式營造財富的一年。只可惜必須經常執行見好便收的動作，確保如實獲利。家庭運並不理想，購屋置產之舉明年再說。男士們宜謹慎面對情緣事務。國外旅遊是值得參考的旺運策略。

1945年的雞（民國34年，乙酉年，81歲）

生活中最珍貴的莫過於老友的相聚，即便是晨昏的噓寒問暖也是如此。另外可以一起學習，一起歡樂，實踐真正的活到老學到老，就是人生的最大幸福。唯一不可以的就是錢財的支借，尤其是合資投資這件事萬不可。健康是養出來的，早晚輕鬆地動動手腳，與老伴和老友一起走走路晨運健身更養性。食祿星氣勢明顯，美食當道別客氣，因為能吃就是福。

屬雞流月運勢

宜謹慎面對的月份：二月、三月、六月、九月、十一月。

1 ◆ 月運勢（2/3～3/5）

新春的喜悅，人緣磁場十分暢旺，大利積極廣結善緣，就從勤奮的拜年開始。正財星打開一年的序幕，但還是宜謹慎理財。家庭星呈現祥和，到位的風水布局，大利家運的提升，同時也為新的一年步下進可攻退可守的風水局。男士們宜謹慎面對情緣事務。

2 ◆ 月運勢（3/5～4/4）

雖有歲祿星照拂，但本命六沖之月，還是諸事不宜，尤忌嫁娶之事。偏財星受到了沖剋，本月需要謹慎理財。男士們的情緣事務，不處理是最好的處理，已有伴侶的男士宜關心另一半健康。家庭星磁場不佳，重要事務還是緩一緩為宜。

3 ◆ 月運勢（4/4～5/5）

雙煞臨月，對於雞族們來說，這是乙巳蛇年中最需要。不過還是出現了六合星的吉利現象，對於人脈的經營來說，這是值得努力的時段。由於劫財星的氣勢十分明顯，因此本月除了宜謹慎理財外，更小心投資求財的突變。

4 ♦ 月運勢（5/5～6/5）

太歲之月，也是本命三合月，因此吉利之象可期。女士們的情緣運勢雖然理想，不過還是需要小心提防誤入泥淖。事業運勢十分理想，有機會透過借力使力的方式合作，創造超出預期的豐收。月犯白虎星宜提防血光之災，捐血是化解之道。

5 ♦ 月運勢（6/5～7/7）

福星高照如豔陽，天德再加上紅鸞吉星並臨，這是個十分吉利的月份，自然也就是諸事皆宜。人緣磁場接受到桃花星的加持，廣結善緣成為了信手拈來，貴人磁場因而受到了鼓勵。不過還是需要提醒的是，由於偏緣星氣燄高張，不對勁的對象敬而遠之。

6 ♦ 月運勢（7/7～8/7）

文昌星氣勢明顯，對於商務買賣與業務行銷而言，這是個充滿機會的月份。月犯喪門星不宜弔唁，勢在必行最好攜帶一包粗海鹽。突如其來的點子值得記錄下來，對於事業的發展容易出現精彩性的成果。女士們宜謹慎面對情緣事務。

7 ♦ 月運勢（8/7～9/7）

雖然是傳統的七月，不過由於正巧是乙巳年的歲合月，而多了吉利的能量，少了恐怖的色彩。財星高照，再加上貴人的扶持，合作事業容易出現亮麗的收穫。月犯病符星，多注重養生，早睡早起多喝水，捐血是另一理想的化解之道。

8 ♦ 月運勢（9/7～10/8）

本命之月，理論上是個大好大壞的月份。不過正值月圓人團圓的中秋佳節，只要妥善管理自己的ＥＱ，依舊會是個諸事皆宜的時段。在歡慶中秋的當下，男士們宜多關心另一半的情緒與健康。另外值得提醒的是，謹慎理財別讓劫財星有機可乘。

9 ♦ 月運勢（10/8～11/7）

本命六害星值月，這是個宜謹慎面對的時段。「害」顧名思義就是危害與妨礙，而化解之道在於按部就班，依照計畫行事。本月不利嫁娶，其餘重要事務能緩則緩。女士們雖然正緣星明顯，但事緩則圓值得參考。職場事務也不宜操之過急。

10 ♦ 月運勢（11/7～12/7）

歲破之月，諸事不宜。由於驛馬星值月，因此許多事情還是不宜輕舉妄動，交通安全更是需要重視。幸運的是，由於文昌星伴隨，走出家門和習慣領域廣結善緣之舉值得執行。本命喪門星值月，除了不宜弔唁，另外宜對弱勢老人之家進行輸捐，為父母親種福田。

11 ♦ 月運勢（12/7～1/5）

家庭運勢頗佳，重要吉事值得擇吉執行，尤其是購屋置產之舉。文昌星再加上福祿星並臨，這是個理想的檢視後再出發的機會，畢竟乙巳蛇年就快結束了。不過由於月犯五鬼星，謹言慎行卻還是有其必要，以免招惹了暗小人。

12 ♦ 月運勢（1/5～2/4）

　　歲末年終，雖然是太歲與本命三合月，不過整體氣勢並不理想，因此不妨停下腳步，為即將結束的一年進行檢視，同時也為新的一年進行規劃。女士們留意健康事宜。即將來臨的馬年是雞族們的官祿年，值得為事業前景進行規劃與布局。

啟動行動力，引動企圖心

幸福從來就不是用找的，也不是別人贈送的，而是自己給自己的。雖然太歲星提供了幸福的場域，但內容還是需要自己充填，就好像給了狗狗們空白的畫布，剩下的精彩就由狗狗們自己揮灑。

亮點色系	幸運點色系	幸運數字	吉利方位
黃色、棕色、紅色	鎏金色、白色、藍綠色	2、1、3、8 及其組合	西方、西南方、正北方

亮點色系：根據宇宙大自然或太歲星所提供較豐富的能量，充分運用會成為開運亮點元素與色系。
幸運點色系：流年運勢最需要補充與強化的元素與色系。

流年運勢

終於擺脫了歲破，進入福氣星高照，陽光燦爛的乙巳蛇年，祝福狗狗們開運了！

一進入乙巳蛇年就有許多吉利的星曜列隊歡迎，這些星曜有紅鸞吉星、龍德吉星、紫微星、文昌星、福氣星、官貴星、歲祿合與貴人星，整整八顆吉利的星曜列隊盛大歡迎，狗狗們自己說這是不是個開大運的流年？覺得自己是不是乙巳蛇年幸運的生肖？

雖然這些星曜都是外來的產物，卻是扎扎實實的正向能量，並且是太歲星君的賜予。不過可惜的是，由於太歲五行氣數中缺乏了啟動的元素，因此這些星曜極容易成為懸掛在流年牆壁上的裝飾品。仔細觀察，發覺這個啟動的元素就是行動力，這股行動力的核心能源來自

於企圖心，而引動企圖心的則是人生目標。

換個方式來說，乙巳年的狗狗們是幸福的，沉醉在享受中，而忘了前面還有更美麗風景在等著狗狗們探索。因此才會有一開始的那段文字「幸福從來就不是用找的，也不是別人贈送的，而是自己給自己的」，雖然太歲星提供了幸福的場域，但內容還是需要自己充填。就好像給了狗狗們空白的畫布，剩下的精彩就由狗狗們自己揮灑。

儘管如此，不可否認的是，狗狗們的乙巳蛇年天空還是由幸運雲所盤據，狗狗們只要願意，只要有所領悟，隨時都可以讓天空的雲彩成為最美的霞彩，方法很簡單就從「想要」開始。正所謂「想飛才會高飛，想要才會得到」，因此無論如何都要給自己一個嶄新的人生目標，因為一個已經開始，即將在乙巳蛇年才會正式加速的「九運」大滿貫能量，正等著狗狗們來開發與運用。這個時候，需要搭配的自然是流年風水了。

事業運勢

官貴星氣勢雖然理想，不過由於後繼力道並不明顯，因此縱使有萬全準備的事務，也還是步步為營為佳。再就文昌創業星能量頗盛，對於有意改變經營策略與方向的企業家們來說，這是個絕佳的時機；而對於開創事業的狗狗而言，雖然計畫周全，但還是由小而大，循序漸進為宜。至於有更換跑道的狗狗們，只要不是因為不愉快或不順遂而萌生退意，時間到了該換就換莫遲疑。

文昌創業星也提供了成長的動能，而這股動能來自於專業的學習，不論是EMBA，還是MBA，甚至於一般的技術性與知識性學習，都是自我提升的佳策良方。對於商務賣買與業務行銷業而言，提

升業績最好的策略就是合作，借力使力少費力。

財利運勢

偏財源吉星雖然是太歲星的贈禮，只可惜這顆偏財源吉星並不直接生財，而是徒有其表。不過也無須這麼悲觀，只要守住今年的流年財庫位，擺放「正偏財通吃黃金聚寶盆」，並且隨身攜帶「黃金虎眼一葉致富石」，不但可以提升財利運勢，同時也開啟了偏財源吉星生財的天然動力。一般狗狗們，還是將錢財擺放在不動產上為宜，或是投資具有題材性的營建股。由於家族性的消費頗盛，對於親友支借還是宜量力而為。

整體而言，狗狗們的財利以冬天最為理想，秋天低接布局，夏天逢高調節短線納財為先，春天區間運作，營造短線財利。投資標的以行動裝置、貴金屬、邊緣運算、金融、AI概念等為佳。

情緣運勢

紅鸞吉星主事的今年，好事自然容易如願以償，再加上龍德吉星與紫微星的照拂，人生的「四大樂事」戲碼極容易在今年上演，那就是「久旱逢甘霖，他鄉遇故知，洞房花燭夜，金榜題名時」。不過在四大樂事之前的功課必須做足，那就是構築溫暖幸福的「家」。

家是永遠的避風港，家是永遠的歸宿，家也是收藏愛的地方。換言之，想要有個幸福的情緣或姻緣，就先要構築一個幸福溫暖的「家」。不論是男生，還是女生；不論是單身，還是已有伴侶，都是如此。只因為乙巳蛇年的紅鸞吉星所提供的情緣星正偏不分，因此需

要狗狗們先做好保護自己的功課。值得提醒的是，已有伴侶的男士們需要防範情緣變數的發生，就從調整居家與心情風水開始。

開運風水

　　寅做卯發是九紫元運的特質，所有的事務都像掛上核能一般，除了快，還是快。狗狗們擁有了太歲星所賜予的八星拱照的大福氣，只要設妥目標與行動方案，好運將會快速獲得啟動。

　　啟動的元素是「歲合星」，位置在西南方。在住家與辦公室的西南方，擺放圓形透明魚缸的陰陽水，缸內擺放白色碎石或水晶，以及6個1元硬幣，還有黃金聚寶盆，再加上隨身攜帶白瑪瑙好事發生與白玉腰蟬萬貫，則好運啟動了，財富星也將會進入運轉軌道。

流年運勢亮點顏色與方位：黃色、棕色、紅色。東南方、正南方、西北方。
流年運勢幸運點顏色與方位：鎏金色、白色、藍綠色。西方、西南方、正北方。
流年貴人生肖：猴、馬、虎、牛、兔。

屬狗各年次流年運勢

2006年的狗（民國95年，丙戌年，20歲）

雞蛋從外面打開是食物，從裡面打開則是生命。有意思的話，形容年輕狗狗們的乙巳蛇年的流年運勢十分恰當，只因為太歲星提供的成長動能是來自於內部。內部有幾種型態，一是自我努力學習成長的內在能量，其次就是家庭教育與生活文化的薰陶，另一個則是整體規劃之後，循序漸進，按部就班的執行策略。值得提醒的是健康的部份，行事要不疾不徐，著急不但影響健康，同時也未必有利事務的快速完成。

1994年的狗（民國83年，甲戌年，32歲）

開路靠前人，引路靠貴人，走路靠個人。這是個「人」為痕跡鮮明的一年，只因為太歲星提供了「貴人」的能量，同時也提供共同開創機會的機會。有意思的是，此種機會的開發就從共同學習開始。

換個角度來說，狗狗們的事業夥伴可能就是當下一起學習的同學，因此珍惜出現在身邊的每一個很可能成為貴人的人。事業運頗佳，開創與轉型都容易成功，值得努力。男士們宜將生活焦點從兒女私情轉移到工作。

1982年的狗（民國71年，壬戌年，44歲）

財利運勢十分活絡的今年，狗狗想不賺錢都難。重點是，除了財利運勢，事業運也出現了共振現象，這是個值得加把勁努力付出精力

的流年。只不過需要提醒的是，此種努力指的是在原來的事業軌跡上，巨大變化的現象避之為宜。換言之，乙巳蛇年宜以聚焦為主要策略。情緣方面，女士們優於男士。至於需要補強的部份，就是新知識的獲取了。

1970年的狗（民國59年，庚戌年，56歲）

歲德吉星是黃袍加身的榮耀，這是一種尊貴的象徵，更是大環境與生命價值有機會獲得提升的寫照，就從向上連結開始。換個角度來說，只要願意狗狗們有機會將整體運勢做個正向大翻轉，家庭、事業與財利運勢都是如此。唯一需要提醒的部份是人際關係的運作，親兄弟明算帳是第一個原則，其次是忌諱人云亦云，為的是避免「錯把馮京當馬涼」的事情發生。

1958年的狗（民國47年，戊戌年，68歲）

太歲加持，福澤加倍。祿神值歲，如意順遂。狗狗們的事業運與家庭運都十分理想，這是一種安穩的感覺，如果想要更興盛繁榮，那就需要文昌星的扶持。雖然太歲星的文昌氣息不明顯，但經過學習與觀摩並不難做出屬於自己的榮景。換言之，這是個容易因為安穩安逸而錯失良機的一年。財運雖然平平，但還是有機會透過轉型獲得營造。男士們需要多關心另一半的健康。

1946年的狗（民國35年，丙戌年，80歲）

健康快樂，怡然自得。得到太歲星祝福的流年，狗狗們真的是幸福的。祿神星也加入了祝福的陣容，搭配上最為理想的趨吉避凶，就是整體性的健康檢查，幸福的指數容易獲得更進一步的提升。家庭運勢頗為理想，狗狗們將自己照顧好，家庭的幸福指數也將獲得提升。活到老，學到老，文昌智慧星氣勢明顯，為自己安排學習的機會，將會更符合太歲星的祝福，將更加怡然自得。

屬狗流月運勢

宜謹慎面對的月份：三月、六月、八月、九月、十二月。

1 ◆ 月運勢（2/3～3/5）

　　本命三合星祝福，新年新希望，新年新開始，好的開始就是成功的一半。元辰星與官貴星共鳴，代表狗狗們有機會為新的一年，許下新的願望，以及設定年度目標。女士們的情緣運勢雖然理想，但新認識的對象，還是需要多一些時間觀察。

2 ◆ 月運勢（3/5～4/4）

　　歲祿之月，諸事皆宜。再加上本命六合星主事，這是個吉利的月份。狗狗們2025年的好運勢，已然經過了兩個月的肯定。不過有趣的是，這麼吉利的月份，擇日學卻以不宜嫁娶為注解。女士們的情緣事務還是需要多一些謹慎。桃花星盛開，大利積極廣結善緣，積累貴人籌碼。

3 ◆ 月運勢（4/4～5/5）

　　本命六沖之月，自然是諸事不宜，再加上歲煞星的影響，需要規避的還有嫁娶這件事。文昌星照拂，本命六沖反而容易沖出機會來。職場想更換跑道的狗狗，值得考慮。男士們宜謹慎面對情緣事務。投

資求財也是如此，小心能駛萬年船。

4 ♦ 月運勢（5/5～6/5）

本命祿神星主事，再加上紅鸞吉星、龍德吉星與紫微星並臨，這是個吉利的月份，自然是諸事皆宜。不過由於正巧是太歲月，整體大環境還是充滿大好大壞的磁場，對於外界的重要事務還是謹慎為宜。家庭運超級理想，購屋置產、修造、遷徙皆可擇吉執行。

5 ♦ 月運勢（6/5～7/7）

本命三合吉星照拂，再加上將星值月，這是個吉利的月份。蛇年過了一半，對於上半年的績效與事務，不妨檢視一番，做好準備迎接下半年的豐收。情緣事務，男女都需要謹慎以對。投資求財，淺嘗輒止，莫貪為宜。白虎加五鬼，捐血既救人又化解血光之災。

6 ♦ 月運勢（7/7～8/7）

雖然出現了福星與天德吉星的身影，不過由於整體磁場十分不協調，事務的執行需要按部就班，步步為營。男士們的情緣運勢雖然理想，但不宜操之過急。正財運頗為鮮明，商務買賣與業務行銷宜以少賺多銷為主要策略。事業職場想要成事，需要的是耐住性子的溝通。

7 ♦ 月運勢（8/7～9/7）

驛馬星發動，再加上文昌星共振，對於經營海外生意的狗狗來說，這是個值得大力行動的月份。對於一般狗狗則是展開學習，就有機會展開好運勢。謹言慎行，不是因為七月，而是出現了「卷舌」的現象。男士們宜多關心另一半的健康。

8 ♦ 月運勢（9/7～10/8）

歲三合星照拂，又有太歲將星加持，按理說這應該是個諸事皆宜的好時段。不過可惜的是，由於月犯「六害」對於事務的執行，事緩則圓是理想的趨吉避凶。本月不宜嫁娶。中秋佳節，美好的祝福與禮物容易打開貴人大門。中秋記得拜月老和龍德星君。

9 ♦ 月運勢（10/8～11/7）

本命之月，大好大壞。本月不利嫁娶。家庭運勢頗佳，大利搬家、修造事務的執行，至於購屋置產，對於價錢就要有所堅持。事業職場上出現了展現才華的機會，值得掌握，有機會開啟後續榮景。情緣方面，本月宜將生活焦點擺放在人際關係的經營。

10 ♦ 月運勢（11/7～12/7）

進入立冬，冬天氣息正式展開。由於正巧是「歲破月」，即便狗狗們因為「太陽」照拂，而獲得溫暖的好運勢。但對外事務的執行，還是需要將行動架式調整到「進退自如」的狀態。男士們宜謹慎面對情緣事務。家庭運勢依舊理想，購屋換屋最為理想的時段。

11 ♦ 月運勢（12/7～1/5）

　　謹慎理財，只因為劫財星虎視眈眈。合作是創造豐富財富的捷徑，但遊戲規則愈清楚愈好。情緣方面，男士們到了該收網的時候，千萬不要再猶豫。本月大利積極廣結善緣，為下個月的不協調事先做好準備，並且提前布局2026丙午馬年，狗狗們的好運年。

12 ♦ 月運勢（1/5～2/4）

　　磁場十分不協調，再加上又是三煞星主事，重要吉事不妨暫時放下，開春後再說。歲末年終，目前最為理想，也最需要積極進行的事務，就是送禮祝賀新年。需要提醒的是健康的部份，天涼記得添衣裳，健健康康，快快樂樂過個好年。

安太歲，羽化成最好的自己

美麗的蛻變機會出現了，你知道如何掌握嗎？你知道乙巳蛇年的「歲破」對於豬族們而言，是一種難得的「蛻變」嗎？掌握此「蛻變」的機會，成長羽化成最好的自己。

亮點色系	幸運點色系	幸運數字	吉利方位
紅色、紫色、黃色	綠色、金黃色	3、4、9、8 及其組合	西南方、正西方、西北方、正南方

亮點色系：根據宇宙大自然或太歲星所提供較豐富的能量，充分運用會成為開運亮點元素與色系。
幸運點色系：流年運勢最需要補充與強化的元素與色系。

流年運勢

沖太歲是豬族們在2025乙巳蛇年的流年重頭大戲，也是最需要重視的趨吉避凶大功課。有道是「太歲可坐不可向」，向太歲就是和太歲星對沖，與歲星對峙的結果自然是吃力不討好，這個時候絕佳開運策略就是安太歲了。

對於豬族們而言，2025乙巳蛇年的「歲破」超級需要轉化，只因為有幾個重要的「祿星」處於「沖破」狀態。首先是偏財祿星的沖剋，對於財利運勢而言，恐怕就不會只是吃力不討好而已喔！謹慎理財是必要的，不過還是以注入時間和心血學習如何理財為佳。其次是「官貴祿星」歲破，代表事業上的事務容易出現較大的震撼，對於有心轉變與調整型態的企業們來說，此種震撼是值得掌握的。然後是豬

族們的「身祿」沖太歲，此種現象特別容易造成健康上的問題，因此如何養生又成為了流年課題，建議安太歲的同時也祭拜藥師如來與華佗，生活上保持正常的作息，沒事多休息，飲食方面宜多攝取蛋白質，並且為自己安排個詳細的健康檢查。

值得一提的是，「驛馬星」也處於「歲破」狀態，這是交通安全的部份，在傳統的習慣用語就是「車關」，因此建議在安太歲的同時最好多做善事，捐血是最好的化解策略，因為一紅化九災，一善化九憂。另外由於歲犯「五鬼星」，這是一種「暗小人」與不明阻礙物的總稱，這一年的行事作為最好依照計畫步步為營，以免功虧一簣。

不過幸運的是，對於豬族們而言，這是個五行俱備的流年，只要在開運的元素中多採用「木星」的元素，自然容易化險為夷，化煞為權。木的元素就從綠色衣服配件的運用開始，隨身攜帶黃金虎眼一葉致富石是最聰明，也是化「歲破」為突破的幸運物。另外，在乙巳蛇年中的事務運作，只要做好「借力使力」太歲的沖剋容易成為辛苦有成的戰利品。

一個千載難逢的好消息是，豬族們的歲破雖然是驛馬星「四馬地」的「車關」歲破，同時也是「四生地」的歲破。只要流年布局策略對了，這是千載難逢的轉運年，而且是「大轉運年」，做對了就有機會擁有「獨占鰲頭」的好運勢。

事業運勢

衝動，沖動，不論是那一種，對於豬族們來說都是2025乙巳蛇年的運勢寫照。由此可知這是個充滿異動磁場的一年，除了沖太歲的「動」之外，再加上「驛馬星」的「沖動」。

對於事業而言，蛇年也是個充滿機會的流年，只因為文昌星接收到了太歲星的引動能量，因此許多的點子，許多創作的激盪值得掌握。對於企業主而言，無須畏懼「沖太歲」，需要提防是沒有目標與計畫的行動。對於商務豬族們而言，不入虎穴焉得虎子。一般豬族們好的事業運需要就從學習開始。大膽計畫，謹慎行動，謙虛面對人事物，沖太歲一樣擁有好運勢。

財利運勢

偏財星氣勢活躍的今年，對於豬族們而言將會是個忙碌的一年。只不過由於太歲星就是豬族們的偏財祿星，同時也是驛馬星，再加上豬族們處於沖太歲的情況，這一年的財利運勢反而容易進入大好大壞的狀態。

整體而言，只要多了一個元素，就有機會化「歲破」為突破。這個元素就是「木星」，因此豬族們的財利運勢以春天最為理想，值得勇敢執行。夏天最為活躍，屬於收成的時段。秋天布局，收成在來年開春。投資標的宜以具有強烈未來的產業，如AI週邊、封裝、快速通訊與車用高科技類股。至於在策略上需要的是「守紀律」，買賣的訊息與位置出現了就不該猶豫。

情緣運勢

不宜嫁娶，這是豬族們在2025乙巳蛇年的重要提醒。婚姻是一輩子的幸福，需要親友們的祝福，以及自己的信念，沖太歲的流年嫁娶恐怕容易埋下可怕的未爆彈。即便如此，這依舊是個理想的成家立業

年,將「家」的風水與氣氛布置好,維持住「家」的溫暖,家運好,事業、財富與健康運都容易獲得提升。

男士們需要謹慎面對情緣事務,對於需要調整情緣磁場的豬族們而言,乙巳蛇年卻是個理想的整理年。換言之,男士們宜將生活焦點擺放在事業上。女士們就幸福多了,只因為正緣星磁場明顯,然而還是因為「歲破」的緣故,對於理想的情緣對象需要珍惜。已婚女士們,宜關心另一半的健康。

開運風水

不要浪費每一個危機。這是邱吉爾的名言。對於2025乙巳年的豬族們而言,是最為貼切的寫照。沖太歲是一種無奈,12年輪一次,不過只要做好到位的趨吉避凶,沖太歲反而容易引動料想不到的力量,那是一種「蛻變」羽化成最棒的自己的力量。

首先自然是寧可信其有安太歲了。其次多用「木星」的元素化解豬族們與太歲星的水火交戰狀態。老虎是豬族們的大貴人,多和屬虎的親友接觸,在手機或電腦的首頁貼上老虎的圖片,再隨身攜帶「黃金虎眼一葉致富石」,除了化險為夷,還可以讓財官利祿轉危為安。

建議在辦公桌的左前方擺放小型多肉綠色盆栽,蕾絲公主是理想的選項。居家與辦公室的東北方擺放「黃金無限旺財聚寶盆」,啟動王者霸氣的「蛻變」,化危機為轉機,讓事業、財富出現躍龍門式的蛻變而「獨占鰲頭」。

流年運勢亮點顏色與方位:紅色、紫色、黃色、大地色。南方、西南方。
流年運勢幸運點顏色與方位:綠色、金黃色。東北方、正東方、東南方。
流年貴人生肖:馬、虎、猴、兔。

屬豬各年次流年運勢

1995年的豬（民國84年，乙亥年，31歲）

就是因為沖太歲，因此人際關係的運作成為了豬族們今年的另一個重要課題。建議安排學習的機會，積極參加研究會、研討會與讀書會，除了廣結善緣之外，同時也化解了歲破的陰影，讓「五鬼」的負能轉變成為東、西、南、北、中「五貴」的正能量。今年不利嫁娶，而男士們的情緣也不順遂，因此不妨將生活焦點擺放在學習上，其餘的重要事務明年再說。女士們雖然情緣運勢佳，不過還是需要提防突如其來的變數。

1983年的豬（民國72年，癸亥年，43歲）

如果你是合作事業的豬族們，那麼這一年就需要格外留意合作事業的變數。如果你的合作事業處於籌備或計畫中，那麼同樣建議事緩則圓，從長計議為宜。由於財運處於「歲破」狀態，因此謹慎理財，以靜制動，以免徒勞無功。情緣運也不理想，適婚而未婚的豬族們婚姻事務則暫時歇息放下，學習為先，事業為重。雖然如此，乙巳蛇年對於豬族們而言，這些種種讓人不舒服的「建議」與「提醒」，卻容易因為做了正確的布局而化破為祥，反而容易出現鯉魚躍龍門的神奇變化，這是難得的轉運年。（方法請參考「奇門基因風水篇」。）

1971年的豬（民國60年，辛亥年，55歲）

有極大的理想希望可以實現，有極大的行動力等待展現的機會。如果這是豬族們的心聲，那麼今年將會是嶄露頭角的一年。豬族們一

定會想問，不是沖太歲之年嗎？真的有機會實現夢想嗎？

就是因為「歲破」的沖，沖出了蛻變的機會，先決條件是必須做好準備，就從開啟自己的企圖心開始。對於商務、企業與自營商來說是如此，對於一般豬族們來說也是如此，雖然沖剋的是豬族們的心志與思考模式，以及行動力與財務，不過開運元素用對了，往後的人生風景將大不相同。

1959年的豬（民國48年，己亥年，67歲）

許多事情要量力而為，財務就是其中之一。這是個需要謹慎理財的一年，投資求財不貪不懼，依照計畫順勢而為，面對親友的借貸拒絕是一門不簡單的功課，不過即便無法拒絕還是需要量力而為。換言之，對於豬族們而言，這是個容易出現財務變化的流年，因此需要謹慎投資，有必要將資金擺放在不動產的位置上，因為這是唯一可以避開劫財，同時晚上睡覺也會持續上揚的部位。

另外要提醒的是健康的部份，由於健康星處於歲破狀態，平日養生的部份不可忽略，安排整套的健康檢查是必要之舉。對於女士們而言，請留意另一半的健康。乙巳蛇年處於病符星主導的流年，家運也是需要留意的部份，因此居家的風水布局務必確實執行。

1947年的豬（民國36年，丁亥年，79歲）

衣不如新，人不如舊。沒事多和老朋友聚會，將會是豬族們提升好運勢的理想方法。雖然是「驛馬星」沖太歲，一般人會建議深居簡出，不過陶文老師覺得反而需要走出家門，看看外面的世界，接觸新的事物與人脈，對於整體運勢的提升具有強大的助益。

沒事多接觸大自然，尤其是樹木多的地方，除了吸收芬多精，其次就是強化提升運勢能量的元素「木星」。雖然攜帶「黃金虎眼一葉致富石」是理想的旺運之道，但居家風水布局更是有利家運的維護，就從在東北方擺放「黃金無限聚寶盆」開始。

屬豬流月運勢

宜謹慎面對的月份：四月、七月、九月、十月、十二月。

1 ◆ 月運勢（2/3～3/5）

對於豬族們而言，這是個一年中最為吉利的月份，再加上一年之計在於春，因此務必好好掌握。不論是布局一整年嚴謹的計畫與目標，還是單純的新年新希望，都值得掌握。新春期間值得多到自己信仰的廟宇拜拜安太歲，讓一年中最好的月份的好運持續到明年。

2 ◆ 月運勢（3/5～4/4）

春暖花開，整個世界欣欣向榮，對於豬族們而言，也是如此。這是本命三合星照拂的月份，再加上又有將星的加持，上個月的旺運布局本月有必要持續，因為這個月的好運能量將會聚焦在事業職場上。不過對於女士們的情緣部份，就需要多一些謹慎。

3 ◆ 月運勢（4/4～5/5）

雖然是紅鸞星動的月份，不過由於大環境處於歲煞的狀態下，重要吉事還是謹慎執行的好。雖然如此，對於豬族們而言，由於月德吉星照拂，這依舊是個吉利的月份，屬於自己的重要吉事值得順勢執行，成家立業就是其中之一，組織新公司與開啟新事業是其二。

4 ♦ 月運勢（5/5～6/5）

太歲之月，同時也是豬族們的六沖月，這是一年中最需要謹慎以對的月份。本月不宜出遠門，事業上的異動更是忌諱，以靜制動，體驗慢活的意境。本月不利嫁娶。另外需要提醒的是健康的部份，天氣逐漸炎熱記得多喝水，忌諱熬夜，更忌諱疲勞駕駛。

5 ♦ 月運勢（6/5～7/7）

雖然出現了龍德吉星的身影，不過擇日學還是提醒本月不宜嫁娶，新人對於婚姻日的選擇不可不防。不過對於事業而言，這是個吉利的月份，只因為財祿與官祿兩大吉星照拂，代表的是名利雙收。更有利新事業的出發，以及自我領域的轉型與蛻變。情緣的部份，男優於女。

6 ♦ 月運勢（7/7～8/7）

三合吉星照拂，本月諸事皆宜。由於貴人星與才華星氣勢同步明顯，因此這是個絕佳的借力使力的合作時機月份。只不過由於白虎星職月，還是需要提防血光之災，捐血是最好的化解之道。財富吉星氣勢雖然不明顯，不過由於暗中護持，商務買賣與業務行銷都值得加把勁。男士情緣依舊理想。

7 ♦ 月運勢（8/7～9/7）

慈悲月來臨了，市場上充滿的卻是鬼月忌諱的文章。對於正統命理來說，今年的七月是個吉祥的月份，只因為歲合吉星照拂。對於豬族們而言，同時也是福氣星氣盛的月份，本月家運頗佳，再加上文昌星照拂，大利成家立業。今年的農曆七月是豬族們第二個吉利月。

8 ♦ 月運勢（9/7～10/8）

抬頭望明月，低頭思故鄉。豬族們的家庭運勢延續上月的氣勢，不但依舊理想，並且得到太歲將星的加持，事業上也大利組建團隊與運作系統。只不過投資求財的部份還是需要提醒，這是個收成進行階段檢視，而不是出發與加碼的月份。

9 ♦ 月運勢（10/8～11/7）

本命三煞之月，諸事不宜。再加上病符星職月，本月不宜探病與弔唁，勢在必行請攜帶用裝有粗鹽的紅包袋。幸運的是，由於偏財星氣勢明顯，再加上出現了財星入庫的現象，商務買賣與投資求財大利見好便收。男士們宜謹慎面對情緣事務。

10 ♦ 月運勢（11/7～12/7）

劫財星虎視眈眈的月份，自然要提醒謹慎理財。另外要提醒的是正逢歲破月，以及豬族們的本命月，重要吉事避之為宜。本月不利嫁娶。人際關係的互動需要更多的耐心，謹言慎行避開太歲五鬼星的作祟。出遠門同樣需要謹慎規劃。以靜制動是智者之舉。

11 ♦ 月運勢（12/7～1/5）

本命太陽併桃花代表的是人緣磁場十分理想，尤其是女士們的情緣運勢。只不過需要提醒的也是這個部份，雖然情愛也可以公平競爭，不過還是需要提防遇人不淑而誤入歧途。對於事業而言，卻是個十分理想的合作月。不過本月還是不利嫁娶。

12 ♦ 月運勢（1/5～2/4）

年底的時刻，有人在補業績，也有人在積極準備過年。對於豬族們而言，值得為明年的財利運勢布局，只因為2026丙午馬年是豬族們的雙財星照拂的流年。東北方和西南方各擺放一個「黃金無限聚寶盆」，讓財運旺到明年一整年。女士們宜謹慎面對情愛運勢。

乙巳年

陶文東方古星座

【星座運勢總論】

鳳凰涅槃，
整個世界蛻變的開始

　　2025是多變，並且是激變與烈變的年。除了因為太歲乙巳是雙女（處女）年，並且由驛馬星當家主事。再加上，九星風水「九離運」的第二年，火星氣勢旺盛之年。大有一種鳳凰涅槃的寓意，也許這就是整個世界蛻變的開始。

　　從「陶文東方古星座」的角度觀察，發覺在「流年關鍵星盤」中出現了十分罕見的天星現象，那就是金星與水星以逆行的姿態開啟了2025年的「天文年」，此種天象若說百年難見並不為過。由此可知，這一年不但變數多，同時也容易出現意外中的意外。這其中包括了交通、通訊、溝通、消息的傳達、市場交易、金融、經濟、社會道德觀、誠信、品味，甚至於社會群體的審美觀，都容易出現問題。所以如此這般的流年，像極了AI世紀的啟動，於是一種「AI世紀的新生存之道」的學習成為了重要的課題。

　　另外有幾個關鍵的重量行星出現世紀級過宮的現象。首先，冥王星已經在2024年11月20日從山羊進入寶瓶，此種來來回回終於定了下來，代表這個世界容易出現重大的變革，而體積愈大，愈壯碩愈容易面臨革命性的變化。

木星將於6月10日從雙子進入巨蟹，代表與居住和家庭有關的事物與商品容易出現活絡潮，而社會上地域觀與自我意識也容易抬頭。至於市場期望中的房地產的回檔朝，恐怕不容易出現，反而更容易水漲船高。

海王星3月30日開啟了在白羊座與雙魚座之間的來回旅程，代表有許多的事物容易以似幻似真的模式呈現，掌握住當下才是真道理。巧的是，土星也是如此，將於5月25日進入白羊座，9月1日又逆行回到雙魚，在大膽許願，大膽夢想之際，還是免不了要回歸現實面。那就是，落實計畫與靈活變通將會同時並存。

天王星則於7月7日進入雙子，11月8日又逆行回到金牛。突顯出一種現象，那就是結合與分離之間需要許多的焠鍊。雖然有道是「合久必分，分久必合」但在還沒有悟道之時就分離了，著實讓人惋惜。

這麼多的天星變化一次性出現在2025年，肯定是一種來自於宇宙某種用意的訊息，要麼是三元風水的20年蛻變，要麼是世界秩序的大變革。最值得留意的是，6月10日木星進入巨蟹座的時候，隨即出現木土海進入刑剋相位，屆時與世無爭的巨蟹容易出現巨大的干擾。對於市場與世界而言，代表的將會是房地產的震盪，以及國與國之間地緣政治，容易出現不協調性的衝突。整體而言，面對2025年就是金蟬脫殼，羽化成蝶的一年，在此整個世界的蛻變開始之際，你做好準備了嗎？

2025年星座運勢前三名

① 巨蟹座、② 金牛座、③ 寶瓶座

ARIES 白羊座(牡羊座) 03月20日～04月20日

謹言慎行，一動不如一靜

心想事成，這不是傳說，也不是一種鼓勵，而是真真實實的天星現象。大膽許願，認真設定目標，事業、人脈、家運更理想，都有機會心想事成。

幸運顏色：紫色、粉紅與亮眼藍。
幸運物：橄欖石、菫青石、舒俱徠石。
幸運數字：4、2、8、3及其組合。
吉利方位：正東方、東北方及東南方。

流年運勢

金星和水星以逆行會相的方式開啟了白羊座2025年的序幕，這是一種謹言慎行與謹慎理財的天星訊息。再加上太歲星在異動場域中釋放負面能量，又再度提醒白羊們一動不如一靜的重要，即便再熟悉再充滿自信的事務也是如此。

就2025年關鍵星盤角度觀察，發覺白羊們在這一年的重點功課在於如何廣結善緣，參加專業的社團，結識具影響力的朋友，這是一種境界提升的向上連結。善用八二法則，那就是鎖定百分之二十的頂尖人脈，讓自己也可以成為頂尖。

當不能改變環境的時候，就改變自己，改變身邊的人脈族群。多聽、多看、少說，再加上微笑點頭，是不讓自己的人脈磁場沉淪的理想策略。不過值得提醒的是，用心面對自己的海外事業，任何異動或擴大經營都需要仔細評估，接受專家們的誠摯建議。合作事務更是如此，寧可事先說清楚，也不要事後再來扯爛汙。

家庭運勢頗為理想，雖然房市已然居高不下，但對於自住型的買賣還是可以順勢布局，吉屋可望覓得，價錢也容易讓自己和家人滿意。想要讓家庭運勢更旺、更順遂，宜多用紫色系列，在居家玄關和辦公室的接待區，最好點一盞永遠都不關熄的「長明燈」。

事業運勢

雖然充滿著機會，也出現了轉變與轉型的契機，不過輕舉妄動會是惡夢一場，尤其是「因人而動」。2025年對於白羊的事業運而言，成是貴人，敗也是貴人，尤其是身邊最熟悉的自己人。並不是這些人是小人，而是因為他們過度關心。整體而言，2025年的事業運是理想的，只不過需要多一些自我堅持，以及提升專業技術的部份。

財利運勢

慢就是快，傳統就是穩健，這是白羊們2025年財利運勢策略的寫照，因此不疾不徐成為了投資求財讓財運更豐富的祕訣。整體而言，財利運勢是理想的，卻也是充滿正向的變數，掌握變數順勢而為容易成為財富贏家。高科技、能源、大宗物資原物料、貴金屬概念股，將會是理想的投資標的。

情緣運勢

你的心，就是你的風水。你的情緒，就是你幸福的指數。愛情不是速食，愛情這道菜需要細火慢燉。許多事情來得快，去得也快，愛情就是如此。「愛」這個字的中心就是一個「心」，而2025年關鍵星盤中，白羊們的姻緣星與心情星處於三合狀態，因此有心和心動才是重點。不過值得一提的是，由於這顆情愛星以逆行的方式合相心情星，以此展示一整年的愛情運勢，象徵的是，真正的愛是需要真實的感動。

健康運勢

健康是最大的財富，健康也是白羊們在2025年的最大功課。只因為健康星以逆行的方式開啟一整年的運勢，而今年四次的「日月蝕」現象都與白羊們的健康宮位有關，因此健康有必要成最重要的流年功課。就星盤而言，影響健康的最大原因就是心情和壓力，因此多外出走走，多安排學習的課程，將會是調理心情和壓力的佳策良方。

白羊座流月運勢

運勢較為理想的月份：2、4、5、6、7、8、10與12月。

01月 運勢★★：不宜出遠門，非不得已務必妥善規劃行程，平日也需要留意交通安全事宜。以靜制動是本月趨吉避凶的必須。愛情運並不理想，情場事務別影響了職場運作。

02月 運勢★：財利運勢頗為理想，商務買賣與業務行銷都值得加倍努力。積極參加社團活動，一來積累貴人籌碼，二來避開身邊的不愉快。家庭的重要事務，稍安勿躁為宜。

03月 運勢★★：這是個多事之秋的月份，月初金逆，月中水逆，而火星刑剋，這是個宜謹慎行事的月份。家運如此，人緣運勢也是如此。化解之道在於放下，聚焦在投資求財上。

04月 運勢★：雖然金星和水星同時在白羊們的貴人宮位逆行，不過從整體星象都處於正向狀態看來，這是個吉利的月份。家庭運與財運出現共振，這是大利購屋、售屋與布局居家風水的訊息。

05月 運勢★★：整體運勢是吉利的，尤其是愛情運勢格外理想，單身適婚而想婚的白羊，宜積極參與人脈聚會。合作案件的洽商，稍安勿躁。謹慎理財，多看少動作。

06月 運勢★：謹言慎行的建議，本月依舊適用。除此之外，其餘運勢

是吉利的。財運佳，商務買賣有利可圖。愛情運理想，人對了不該猶豫。貴人在遠方，積極廣結善緣。

07月 運勢★：天象磁場並不理想，健康宜多留意，愛情出現變數，家運也需要多費心思。不過，只要按部就班，步步為營，再多的變數都容易獲得轉化。

08月 運勢★：乍看之下，天星結構並不理想。不過仔細觀察，發覺只要妥善管理情緒，用學習的思維廣結善緣，本月依舊吉利。有夢想就該實現它，想飛才會高飛。

09月 運勢★★：謹慎理財，尤其是股市投資求財，見好便收，莫貪為宜。愛情運並不理想，宜將焦點擺放在事務的檢視與規劃上。事緩則圓，居家重要事務稍安勿躁為宜。

10月 運勢★：三思而後行，三思而後言。本月最大忌諱就是「人云亦云」，而最成功的部份就是影響別人，而不是別人影響自己。按部就班，依照計畫行事。

11月 運勢★：天星磁場十分紊亂，本月需要強大的定力，為了避免多做。只要將生活焦點擺放在廣結善緣上，反而容易結識貴人讓生命更精彩。

12月 運勢★★：歲末年終，本月只要謹慎理財，其餘的運勢都處於理想狀態。家運佳，重要事務值得積極執行。財運理想，積極換手有利可圖。上帝捎來一封祝福的信，祝福白羊們成功迎新送舊。

TAURUS 金牛座（04月20日～05月21日）

創造生命價值，勇敢出擊的流年

自我挑戰，永遠領先別人一步。不怕沒工作，就怕沒專業。擁有了專業，才能夠擁有自我生涯的主控權。不怕秀，勇敢現，機會是創造出來的。

> 幸運顏色：秋香綠、帝王黃與大地駝。
> 幸運物：黃金虎眼石、墨翠、綠幽靈。
> 幸運數字：8、3、4、5及其組合。
> 吉利方位：東南方、正東方及東北方。

流年運勢

金牛，你的名字是勇者。冥王星擔任金牛們2025年故事的導演，演出的是一齣「不可能的任務2.0版」。勇敢要，勇敢創造，勇敢執行，勇敢學習，勇敢表現自己……。是的，這是個主動勇敢出擊的流年。這一年最大的忌諱就是患得患失，以及找不到自我價值，這個時候最需要的就是積極尋找學習的機會，透過專業學習，找到自我定位，金牛們就是大贏家。

就流年關鍵天星盤的角度解讀，發覺這一年唯有從強人與強勢主角的扮演出發，才有機會創造突破性的作為。換言之，2025年請將「隨緣」放在床舖底下，將勇敢與主動隨身攜帶，主動出擊尋找與創造機會，主動出擊廣結善緣，主動營造提升自我價值的能量氛圍。可以這麼說，2025年是金牛們主動創造生命價值，積極營造精彩的流年。

除此之外，人脈經營也是2025年的重要課題，最為理想的策略就是走出家門，走出習慣領域，加入陌生的人脈圈，為6月10日後即將來臨的豐盛人脈年做好準備。

整體而言，2025是金牛們勇敢創造生命價值的流年，同時也是努力讓自己成為最有利用價值的一年。

事業運勢

　　唯有專業，才會更專業。當然也有人說，只有專業是不夠的，但在專業領域還是需要占一席之地，這是金牛們2025年的重要功課。合作的氣場十分強盛，與其單打獨鬥，不如團隊合作，許多很棒的創意就是來自於團隊的腦力激盪。這是大利創業與企業轉型的流年，對於一般金牛而言，則是轉換跑道，既可測試自己的價值與又可往上爬升。

財利運勢

　　謹慎理財，尤其是從事海外投資的金牛們，更需要戰戰兢兢，股市投資對於國際財經動向不宜過度依賴。另外順「市」而為這件事也需要提醒，與其順市，不如順勢。正財運與偏財運都出現了緊張的磁場，代表任何買賣都需要步步為營。幸運的是，事業宮位上的重量級行星釋放舒緩能量，代表一切以專業為主，企業經營就事論事，投資求財就線論線，守紀律，步步為營。投資標的宜以強勢股和市場趨勢龍頭股為佳。

情緣運勢

　　愛情雖然不是生活的全部，卻可能會影響全部的生活。有愛人的金牛，請多愛一些；正在尋找愛情的金牛，則建議將生活焦點擺放在事業上，只因為愛情行星氣勢十分不理想。已有伴侶的金牛，則要學習耐心，耐心面對愛人，耐心聆聽，耐心呵護。只因為心情容易受到愛情行星的影響，而心情影響的則是整體運勢。

健康運勢

　　健康星以逆行的方式開啟了金牛們的2025年運勢序幕，這是個宜以健康為主，要趨吉避凶的一年。而最需要保養的部份是呼吸系統，即便疫情已經趨緩，但出門到人多的地方還需要戴上口罩，並且降低外出應酬的機率。壓力是另一個影響健康的部份，外出走走，旅行除了抒壓，還有轉換磁場開啟好運勢的效果。

金牛座流月運勢

運勢較為理想的月份：1、8、9與10月。

01月 運勢★★：危機就是轉機，真的嗎？機會和危機傻傻分不清楚的本月，還是停腳步檢視後再出發不遲。許多時候以退為進，也是一種前進。有趣的是，愛情是如此，投資求財也是如此。不宜出遠門，平日也需要留意交通安全。

02月 運勢★★：事業運勢格外理想，不論是擴張企業版圖，還是營造有利的名氣，或是個人考取證照，都有機會如願以償。唯需要提醒的是，對於金錢的支配需要謹慎，即便是公益善款，也需要將錢花得其所。

03月 運勢★：平順就是福，尤其在磁場多變的時段。人多的地方不要去，除了是非多，還會影響財利運勢。3月14日是個大日子，也是往後一個月金牛們需要低調應對事務的開始。幸運的是，只要換個心情依舊有好風景。

04月 運勢★★★：貴人氣息十分明顯，本月大利積極廣結善緣和積累貴人籌碼。許多處於瓶頸的事務有機會在本月由逆轉順，突破瓶頸，需要的就是貴人的支持。財利運勢佳，事業能量也夠強，代表名利可望雙收。

05月 運勢★：家庭運勢十分理想，入宅、修造與購屋換屋皆可擇吉執行，更可以為家人布局好風水。謹慎理財，尤其要避開情緒性消費的機會。面向陽光就見不到陰暗，職場事務就是如此，放下堅持可化解僵持。

06月 運勢★★：隨著木星過宮，新的一年就從本月10日開始，新年新氣象。時序進入年中，也該檢視一下準備再出發。家庭運勢持續理想，財利運勢也不在話下，職場事業更可運籌帷幄，唯一要提醒的部份就是謹慎理財。

07月 運勢★：狀似緊張的天星結構，其實隱藏著一個上帝的美意，凡事順勢而為不難營造豐富與豐收。唯一需要提醒的還是理財的部份，投資求財務必回歸現實面。愛情事務需要平常心，製造驚喜是禁忌。

08月 運勢★：吉凶交參的本月，其實也充滿著機會。只要管理好糾結和固執的情緒，就不難晴空萬里。財利運勢頗為理想，投資求財可望逢高調節納財入袋。事業事務需要依照計畫進行，愛情事務就要學會適時放下。

09月 運勢★：攸關日後家庭運勢旺衰的重要事務，最好另尋他月執行為宜。謹言慎行，即便是對好友的忠言也是如此。幸運的是，貴人磁場頗佳，用喜悅的心與氣息，自然有機會吸引喜悅。健康需要多費心思，千萬別累過了頭。

10月 運勢★：健康的維護依舊是本月的重要課題，就從減少應酬機率開始，出入公共場所還是戴上口罩為宜。家事與公事不宜出現糾結。幸運的是，貴人磁場依舊明顯。愛情運勢也是理想的，女士們最為幸運。

11月 運勢★：這是個需要智慧面對的月份，用一般人的眼光觀察，本月十分不堪，但金牛們的智慧卻看到了契機。職場事務依照計畫堅持是贏家。財利運勢狀似不理想，實際卻大利危機入市。唯健康需要提醒，不要過勞。

12月 運勢★：心中有上帝，生活就有神。本月的磁場依舊處於糾結狀態，但聰明人依舊看出上帝的美意。職場事務做該做的事。廣結善緣之舉不可停歇。財利運勢佳，掌握納財時機點。健康的部份還是要提醒，沒事多休息。

GEMINI 雙子座（05月21日～06月21日）

妥善管理情緒，放下自我意識

世界愈快，心則慢。你的心，就是你的風水。別讓記憶主導自我對於世界的認知，學會自我察覺，你就是最幸運的雙子。

> 幸運顏色：黃色、紅色與乳白。
> 幸運物：虎眼石、紫水晶與白玉。
> 幸運數字：2、5、4、9及其組合。
> 吉利方位：正南方、東南方與西南方。

流年運勢

雙子是幸運的，只因為有太歲星的呵護，即便6月10日之後太歲星將會離開，而雙子們依舊是幸運兒，因為太歲星換一種方式繼續釋放呵護的磁場，那就是讓財富的能量得到了放大的機會。

雙子是樂觀而活潑的星座，擁有赤子之心，對於周邊的事物永遠抱持好奇，因此生活上的學習從來不間斷。只不過出現在2025年的流年關鍵天星盤中的雙子，卻成為了需要謹慎行事的星座。太歲星位於本命宮位理應吉利非常，不過來自於對宮的太陰星，以對峙的方式開啟雙子們2025年的運勢序幕，再加上又有來自於「天頂」的刑剋，雙子們在2025年的功課恐怕不會太少。

首先，雙子們在討論流年運勢之前，有必要學習妥善管理情緒，心直口快或隨時興起的情緒反應，最好有所收斂，而一怒為紅顏的故事也千萬不要發生。世界愈快，心則慢。學會慢半拍反應事物與情緒，不容易出錯，也不容易浪費太歲星的正能量。

其次，來自於「天頂」的刑剋。包括羅睺在內，一共有六顆行星匯聚在「天頂」附近，羅睺與木星的刑剋容易讓雙子們嘗試承受負面的輪迴。避免不愉快的事務再度發生，最好的策略就是放下自我意識，放下過往的記憶，以開放式的學習態度與思維面對職場周遭事物。

事業運勢

　　先處理心情，再處理事情。學會抽離，就能夠擺脫執念。這是門不容易的功課，卻也是脫胎換骨的修行。四星匯聚，再加上冥王星的霸氣助威，事業運想不旺都難。需要的是專業和好心情，最不需要的就是志得意滿。轉換經營型態可，轉換跑道尋找伯樂的公司亦可，但習以為常則萬萬不可。

財利運勢

　　賺錢的機會出現了就該積極掌握，不過有趣的是，許許多多的機會其實都是自己創造出來的。換個角度來說，對於雙子而言，這是個有機會創造理想中財富的流年。企業改變經營模式是一種，投資求財積極換手則是另一種。高科技與能源概念股，還有航運股都是理想標的。

情緣運勢

　　如果可以選擇，建議雙子們將生活焦點從情緣轉移到事業上，以及未來的人生成長的道路上。已經有伴侶的雙子，務必放下理所當然，用聆聽轉化無奈的負能，不給自己壓力就等於對方也沒有壓力。單身適婚想婚的雙子，不妨前往專業學習和相同愛好的地方，可望來個幸福的同儕戀或師生戀。

健康運勢

　　事業有成，人緣磁場活絡，貴人如影隨形，心情大好，就是最好的健康。整體而言，這一年最需要維護的是雙子們的心情，但不適宜逢人就訴苦，可藉由學習來舒緩影響健康的壓力。自我放鬆是件好事，自我放逐卻是一件浪費人生的傻事。不論年齡，想要健康，就要動起來，身體動起來，腦筋動起來。

Ⅱ 雙子座流月運勢

運勢較為理想的月份：1、2、3、4、6、7、11與12月。

01月 運勢★：謹慎理財，謹慎面對異動機會，非不得已寧可靜觀其變，也不宜輕舉妄動。不過幸運的是，事業領域的重量級行星釋放舒緩能量，危機很多時候就是難得的轉機。

02月 運勢★：上月幸運的磁場，本月繼續延續，但謹慎理財的訊息也依舊清晰。事業上巨大金額的投資，稍安勿躁為宜。投資求財宜多方考察，國際財經趨勢值得密切關注。財利運雖理想，不過劇烈震盪只能低接，不宜追高。

03月 運勢★：包括羅喉在內，一共有六大星曜匯聚在雙子們的事業宮，代表本月的趨吉避凶重點落在事業上。想開運雙子們還是需要學會「放下」，放下我執，放下原則，靈活才是王道。另外，專業的學習不宜停歇。

04月 運勢★★：金星和水星同步進入逆行狀態，並且會相於事業宮，由於土星和海王星也在會相隊伍中，於是不預設立場按部就班成為了理想的趨吉避凶。貴人明顯，財利運理想，霸氣轉身的機會又出現了。離職換公司就是要在最旺的時候進行。

05月 運勢★：不宜出遠門，即便是公務之旅也是如此，能緩則緩。外出也需要多留意交通安全，疲勞千萬不要駕駛。幸運的是，貴人磁場十分明顯，因此本月最為理想的開運策略就是廣結善緣。以靜制動是另一種趨吉避凶策略，並且修正預設立場的習慣。

06月 運勢★★：祝福雙子們生日快樂！人際關係磁場十分活躍，大利創造機會積極廣結善緣。心想事成的磁場也是明顯，年中的時候

是該檢視成果，然後重新設定目標許下心願。職場事務想要有所突破，就要有新的想法和策略。

07月 運勢★：木星離開的雙子，12年一次的雙子之年結束了。木星進入財帛宮，按理說財運應該十分理想，不過由於土星與海王星的刑剋，雙子們還是需要謹慎理財。幸運的是，上帝提供了一個聚寶盆，於是出現了辛苦有成契機。

08月 運勢★：換個角度看世界，視覺風景截然不同。天星結構狀似十分不吉利的本月，仔細觀察卻發現了一個高飛的紙鳶，對於雙子而言，代表的是只要按照計畫確實行事，事業、家庭與人脈運都有機會獲得提升。健康方面，就需要放鬆心情了。

09月 運勢★★：進入雙子的天王星將於本月5日開始逆行。而土星也在本月一開始就逆行回到事業宮，這是個不宜執行重大抉擇的時段。投資求財運出現了風險的訊息，逢高調節為先。謹言慎行，沉默是最好的自我保護。愛情事務也是如此。

10月 運勢★：謹言慎行的現象依舊存在，而本月又多了靜觀其變的提醒，再加上投資求財運與財利運都不理想，如果看不清盤勢，最好多看少做。行車安全也是本月需要給予的提醒，請記住疲勞千萬不要駕駛。幸運的是，貴人磁場佳，宜多參加聚會積累貴人籌碼。

11月 運勢★：逆風才會高飛。就天星角度觀察，發覺對於雙子而言，這是個以逆勢運作為佳的月份。換個角度來說，逆轉勝是這個時候的運勢特質，而危機入市就是此時。投資求財，宜提防市場板塊的大挪移。愛情事務，不處理將會是最好的處理。

12月 運勢★：光陰飛逝，一年即將結束了。歲末年終最想做的事情，應該就是檢視過去規劃未來。投資求財宜見好便收。職場事務，則宜減緩腳步，把一些事務留在2026年再定奪，目的是迎接新氣象。商務合作的事務，明年再說。

CANCER 巨蟹座（06月21日～07月22日）

順應潮流，啟動新的生命型態

鴻運當頭，好運連連，財富滿盈，桃花盛開。春風滿面，職場順心，情場如意，商場得意。這些都是真的，只不過………

> 幸運顏色：粉紫色、粉駝色、秋香綠。
> 幸運物：紫水晶、瑪瑙與黑曜石。
> 幸運數字：9、4、5、2及其組合。
> 吉利方位：正南方、西南方、東南方。

流年運勢

風水輪流轉，今年下半年好運勢將會轉到巨蟹座，屆時不但好運像盛開的鮮花，同時也將獲得財神爺的眷顧，以及紅鸞吉星的青睞，於是職場順心，情場如意，商場得意，好運如滔滔江水，連綿不絕。恭喜巨蟹，賀喜巨蟹。

不過在這之前的上半年，恐怕就需要多費心用力了。只因為，在2025年流年關鍵星盤的開幕式中，位於心智宮位上的太歲星與位於壓力宮位的守護星，以對峙的狀態開啟了巨蟹們的流年序幕。這個時候巨蟹們需要留意兩件事，一是健康方面事務，另一個是心志的考驗。不過幸運的是，這兩件事並不難化解。首先，要執行的策略就是轉念，轉變只守不攻的星座習慣，宜順著市場的脈絡轉變思維；其次，再度恢復巨蟹座的特質，用積極的思維與態度落實巨蟹座的一絲不苟與按部就班，就從專業的「學習」開始。上半年運勢就在「一收、一放」「一放、一收」的運作下獲得了神效式的轉化。

火星是巨蟹們天星關鍵星盤中的貴人星，提供給巨蟹們的是熱情和機會，順應社會風氣與商務潮流，掌握並製造機會啟動新的生命型態。另外，火星、天王星與土星所形成的合相小三角形，提供的足夠的轉變能量，如此這般的上半年，即便存有隱憂卻可望積累經驗，迎接豐盛的下半年。

事業運勢

事業運勢需要的是轉變，不需要的是習慣與理所當然。雖然流年關鍵星盤中金星和水星同步逆行，不過守護星的合相卻轉移了這些負能，代表只要有信心堅持到底，即便默默耕耘也容易完成目標。

另外冥王星合相巨蟹們的守護星，並且釋放出舒緩金星與水星負能的磁場。對於事業運而言，代表的就是默默耕耘，也容易讓工作有所突破，讓事業可以在6月10日之後的下半年翻上幾番。

財利運勢

偏財運勢格外理想，商務買賣與企業經營都有利可圖。只不過此種天星的賺錢構築在專業運作上，對於股市投資求財而言，代表的是財經政策與外資法人的動向值得關注。對於有意買屋或換屋的巨蟹而言，這是個值得進場的流年。

投資標的宜以具有儲蓄概念的個股為佳。另外強勢股與高科技AI相關概念股也值得關注。

情緣運勢

紅鸞星動的感覺是很棒的，雖然將會在6月10日之後才出現，不過在這之前的上半年，還是需要做好準備。那就是將事業先經營起來，然後構築幸福的愛巢等待承接幸福。另外建議巨蟹們積極執行廣結善緣的策略，除了積累貴人籌碼，還有讓美的邂逅故事有機會發生。學習的領域，除了添加知識與技能，還有提升找到幸福的機會。

健康運勢

健康真的是最大的財富。在巨蟹們的流年關鍵星盤中，健康宮位的磁場並不吉利。這是一種壓力的突顯，來自於成長的企圖，還有事業上的挑戰。壓力需要舒緩，不過並非旅遊或休閒活動，而是學習與運動。這兩件事都與驛馬有關，針對自我成長和事業挑戰，較為理想運動則是重量訓練。不過要恭喜的是，此種壓力成就了巨蟹們的競爭力。

巨蟹座流月運勢

運勢較為理想的月份：2、3、4、6、7與12月。

01月 運勢★：謹慎理財，尤其要仔細審查狀似機會的機會。健康磁場並不理想，外出宜提防水土不服，外食則宜挑選環境。一動不如一靜，任何重要的抉擇與異動，稍安勿躁為宜。幸運的是，貴人磁場明顯，原來貴人就在身邊。

02月 運勢★★：偏財運勢頗佳，三星匯聚提供了強大的資源，一種借力使力的豐富資源。再加上木星的合相，譜出了發財進行曲。貴人星也提供了蛻變的機會與能量，將處於浮動狀態的財利磁場，和安穩生財的金星組建了吉利小三角，這是財富逼人的寫照。

03月 運勢★★：六星匯聚是本月的特殊天象，代表的是能量的集中，市場上容易出現傾斜式的變化。對於巨蟹而言，這是一種充滿機會的寫照，大利轉型、異動，以及更換跑道，人生難得的機會，掌握住了，好運就昇華了。值得一提的是，事業重大金額的抉擇，最好多研擬為宜。

04月 運勢★★★：一夫當關，萬夫莫敵。本月的主軸能量源自於巨蟹座的火星，既穩住了雜亂無章法的行動，同時又提供了按部就班的氣勢，擬定了創造財富的計畫與行程，這是財富滿盈的寫照。值得一提的是，由於貴人星十分明顯，分別在偏財和貴人位置上釋放強大的成長能量。

05月 運勢★：物極必反，漲多必然會出現回調，天星能量也是如此。已經提供了數個月的超吉利能量，本月整體出現了常態性，這是一種壓力的釋放，這個時候最好的趨吉避凶就是不卑不亢與不疾不徐。還是要提醒謹慎理財，對於有暴利機會的投資敬而遠之為宜。

06月 運勢★★：恭喜巨蟹們，10日要迎接12年一次的巨蟹年。太歲星加持等於紅鸞星動，單身適婚想婚的巨蟹，沒事千萬不要待在家中，以免暴殄天物辜負了太歲星的美意。財利運勢十分理想，隨著市場的震盪與波動，巨蟹們有機會進場撿大漏。

07月 運勢★★：巨蟹之月，每一年出現一次，但這一次的巨蟹之月，將是12年才會出現一次。太歲星與太陽會相，流年與流月的幸福容易獲得放大，儘管其他的行星在刑剋狀態，對於巨蟹而言，這是個豐收的月份，因為上帝提供了聚寶盆，而事業和貴人將會盡收在內。

08月 運勢★：燦爛之後終究會回歸平靜，這個時候平順就是福。以靜制動成為了本月理想的趨吉避凶。面向陽光，就見不到陰暗。本月的陽光在職場事業，聚焦事業，偏財、貴人都將隨之而來。至於心情與品味，以及愛情與價值之間糾葛，就顯得微不足道了。

09月 運勢★：事業依舊是本月的亮點，雖然行星處於逆行狀態，不過金星的三合與冥王星的六合，都提供了舒緩與修正的能量，換個角度看世界，許多困難都會迎刃而解。這個時候的人脈壓力也就微不足道了。投資求財，宜將焦點擺放在市場與法人動向上。

10月 運勢★：事業職場的事務雖然依舊持續發酵，紙鳶也繼續高飛，不過到了該調整飛行方向的時候。一共有四顆行星處於逆行狀態，還是回歸現實面為宜。這是個不宜進行重大抉擇的月份，將生活焦點擺放在廣結善緣，會更自在更舒服。

11月 運勢★：聚焦是成功的關鍵，而冥王星是本月最值得聚焦的行星。學習是為了讓生命更精彩，而這樣的學習自然是專業的學習，立於不敗之地與無可取代的學習。愛情事務與合作事務暫時休兵，工作運勢順勢進行即可，以免影響了健康。

12月 運勢★：歲末年終，總是有一種時光飛逝的感觸，好快一年就要結束了。對於巨蟹而言，這是個Happy ending的月份，因為上帝又提供的一個收納好福氣的聚寶盆。這一次收納的是財富、成長和喜悅。巨蟹們只要將健康管理好，剩下的就是享受了。

LEO 獅子座（07月22日～08月23日）

勇敢蛻變，掌握機會心想事成

機會是留給準備好的人。是的！並且是願意積極行動，以及願意掌握住機會轉變的人。獅子們的2025年不但充滿機會，同時也布滿蛻變的能量。

幸運顏色：紫色、白色與淡黃色。
幸運物：紫水晶、瑪瑙與虎眼石。
幸運數字：7、8、2、9及其組合。
吉利方位：正南方、西南方、正西方。

流年運勢

改變是一件不容易的事，改革需要更多的勇氣和堅持，尤其是事業上的變革。

在流年關鍵星盤中，具有革命性質的行星位於獅子們的事業宮，由於接收到的是行星的正面合相，因此即便再困難的改變，同樣容易獲得轉變。再就星盤角度仔細觀察，發覺獅子們的改變是成功的，因為有穩健的磁場，步步為營的策略，以及可以按照計畫行事的條件。

有3顆星曜和羅睺匯聚在獅子們借力使力的宮位上，代表這是個擁有充沛資源的流年。再加上這些星曜與事業宮上的天王星，以及心想事成區的火星，形成了吉利的小三角形，代表這一年在事業上充滿著合作的機會，掌握住了不難心想事成。

值得提醒的是，由於流年關鍵星盤中的行動場區的水星和金星以逆行會相的方式出場，要告訴獅子們的訊息是，凡事不宜輕舉妄動，尤其是合作的事務，即便是專家們的專業建議，也是如此。

雖然這是個貴人磁場十分活絡的一年，不過由於行星相位磁場並不理想，因此到底是貴人還是小人，以及到底是轉機還是危機，並不容易直接判斷。慢半拍成為了這個時候理想的趨吉避凶策略，雀躍的心情下所做的抉擇，尤其忌諱先入為主與預設立場，因為很容易因此陷入運勢泥淖中。

事業運勢

　　窮則變，變則通。此種充滿無奈的變，不會是獅子們的流年選項，只因為出現在流年事業宮上的變，是一種創造型的變，也是計畫型的變，更是充滿機會的變。因為如此，想轉變營運模式的企業或生意獅子，目標與計畫擬定了就該勇敢蛻變。一般獅子也是如此，機會來的就該積極掌握。

財利運勢

　　財神爺正在敲獅子們的大門，趕緊起身開啟大門迎接。這是偏財運勢格外活絡的流年，機會星更是釋放吉利的能量，要告訴獅子們的是，心想事成的財富在暗中發酵，商務買賣與業務行銷都值得努力。股市投資求財，宜以因為財經政策而獲利的標的為主，航運不會是理想選項。

情緣運勢

　　愛是兩人份的自私？佛洛姆（Fromm）在《愛的藝術》提到這個話題。對於2025年獅子們的情緣運勢而言，這個話題將會有很深的體會。只因為在關鍵星盤中，愛情與現實是衝突的，而化解這個衝突的行星又幫上了倒忙。佛洛姆認為「愛是一項決心，一項判斷，也是一項允諾」，有意思的是，星盤中的化解之道也是如此。

健康運勢

　　心開運就開，這個說法已然受到了肯定。而根據研究，情緒會影響健康。因此好心情不但可以開運，也可以顧健康。獅子們的流年關鍵星盤中的心情星是不理想的，化解之道在於事業的專注上，以及大而化之的思維上。

獅子座流月運勢

運勢較為理想的月份：2、3、4、6、10與12月。

01月 運勢★：逆向思考需要強大的智慧與能力。火星以逆行與冥王星對沖的方式，開啟獅子們一年運勢的序幕，這將會是個充滿成長養分的一年。海王星釋放借力使力的磁場舒緩僵局。將焦點轉移到投資求財上，也是理想的化解之道。

02月 運勢★★：事業運勢頗佳，對於有意轉換跑道或是轉型的獅子們而言，這是個理想的執行時段。貴人明顯，合作的機會也明顯，時機到了先掌握再說。情緣運勢，也是如此。另外值得提醒的是，本月最大的忌諱將會是先入為主。

03月 運勢★：以靜制動是本月必須的修為，尤其要避開天馬行空的思維。幸運的是，偏財運依舊理想，除了代表投資求財有利可圖，同時也透露出借力使力的資源十分豐富。重要的時候，不妨聽聽專家怎麼說。事業運勢也理想，換個思維，換個景象。

04月 運勢★★：偏財運勢依舊理想，投資求財以調節納財入袋為先。事業運也充滿開創的訊息，轉變經營策略的好時機，職場轉換跑道也是如此。貴人十分明顯，只不過在遠方，因此大利走出家門廣結善緣。學習是為了讓生命更精彩，也為了讓生活更充實。

05月 運勢★：生活隨時出現考驗，事業職場也是如此，但由於本月的考驗十分嚴峻，因此重要事務的出發與抉擇，還是稍安勿躁為宜。尤其是合作事務的洽商，除了不宜急著承諾，也需要尋找第三方諮詢的機會。情緣事務，需要更多的耐心。

06月 運勢★：轉念即菩提，念轉境轉。這是個吉利的月份，尤其大利轉

換思維與心情面對人事物。職場事務也是如此，變革最好出現在最旺的時候，因為容易出現向上連結的機會。不過值得提醒的是，對於遠行這件事，還是需要仔細的準備，尤其是交通安全的部份。

07月 運勢★： 今年第二次水逆將會在18日開始，並且出現在獅子座，代表重要事務的執行與抉擇，最好在18日之前定案。財利運勢出現詭異的現象，是劫財還是生財，需要時間沉澱與考驗。股市投資的財利將會架構在短線換手的策略上。

08月 運勢★★： 水逆將於10日結束，因此重要事務的啟動與抉擇，還是稍安勿躁為宜。與家庭整體運勢有關的重要事務，還是謹慎為宜。本月也不宜出遠門，即便是商務之旅也是如此。行車安全需要多用心，疲勞千萬不要駕駛。幸運的是，貴人氣勢十分明顯。

09月 運勢★： 金星獅子展開序幕，事業與人脈事務將會是本月的主要功課。謹言慎行是人際關係運作上必須的提醒，而人云亦云則是事業職場上的忌諱。以靜制動則是本月的另一種提醒，多觀察多思考再行動，只因為行動磁場出現了容易誤判的負能。

10月 運勢★： 面向陽光，就見不到陰暗。本月的主要好運勢出現在事業職場宮位，這是個值得將生活焦點擺放在事業上的月份。家庭磁場雖然需要調整，但比起愛情運勢又要舒坦多了。投資求財宜謹慎，尤其是股市投資的部份，多觀察少動作為宜。

11月 運勢★： 謹言慎行，謹慎交友，還有謹慎面對合作事務。「人」是本月最需要用心的部份，任何與「人」有關的事務，都需要謹慎以對。尤其合作的部份，不宜過於依賴。愛情事務，冷處理是最好的處理。投資求財，鎖定強勢股，忌諱短線奔波。

12月 運勢★★： 轉運的機會出現了，天星出現了上帝的好訊息，值得珍惜。貴人磁場明顯，合作事務也順遂，家庭運勢則出現了轉機，這是個值得喜悅以對的月份。歲末年終，抱持喜悅做好迎接幸運的2026年的準備。投資求財方面，則宜見好便收。

獅子座　勇敢蛻變，掌握機會心想事成

VIRGO 雙女座（處女座）（08月23日～09月22日）

執行廣結善緣，積累貴人

生命中每個過程都是成長的養分，而每一種努力也都是生長的激素。充滿激素和養分的環境，壯碩是肯定的結果。換個角度看世界，容易發現不一樣的美。

幸運顏色：藍色、橘色與白色。
幸運物：白瑪瑙、橘水晶和藍晶石。
幸運數字：2、0、6、1及其組合。
吉利方位：西南方、西北方、正北方。

流年運勢

太歲星以逆行並且與土星刑剋方式，開啟了雙女座流年整體運勢的序幕，這將會是個很有成長養分的一年，雙女們有很大的機率面臨裡外煎熬的考驗，再加上自己人的干擾，雙女們恐怕要做好防颱準備了，而此種現象又以事業情況為甚。不過幸運的是，2月4日開始太歲星恢復順行，同時也結束了與土星的刑剋，整體運勢容易出現正向的變化，事業運勢自然也不在話下。

6月10日太歲星將會離開事業宮，同時將於5月3日開始與土星刑剋的負能帶走，對於雙女們來說，這是喜多於憂，因為終於撥雲見日。事業運一開，整體運勢也跟著開朗起來，最主要的是家庭運勢出現喜悅性的陽光。要恭喜雙女們的是，2025年貴人磁場十分明顯，積極執行廣結善緣策略，既可積累貴人，同時也轉移了木土刑剋的生活焦點。

水星是雙女們的事業星，由於每一年都有3至4個水逆，因此在水逆期間還是少動為妙。那就是3月30日至4月7日，7月18日至9月2日，另一個是11月9日至29日。

事業運勢

　　雖然事業宮位的磁場並不理想，不過幸運的是，由於工作宮位氣場頗佳，因此基層和事業方面的基本運作不但沒有影響，同時還出現預期之外的矚目與肯定。只不過需要提醒的是，工作上所出現的合作機會，最好多方思考與審查，只因為最讓人害怕的「遇人不淑」窘況極容易在今年出現。

財利運勢

　　金水逆行會相開啟了雙女們2025年偏財宮位的氣場，這是一種謹慎理財的訊息。再從步步為營的能量不斷釋放看來，雙女們的投資求財有必要以國際財經政治動向為依歸，而霸氣的強勢股是理想的投資標的。投資策略則宜以區間的方式運作，設妥區間然後老老實實遵守紀律，營造壯碩的財富。

情緣運勢

　　情緣運勢是在整體運勢中最為穩定的部份，對於情緣來說，這是另一種紅鸞星動的寫照，時機已然成熟就別再猶豫。這一年中有幾個時段婚嫁的人生大事需要避開，第一個時段在2月4日之前，第二個時段則會出現在5月3日至7月19日之間。婚姻大事需要更多的祝福，尤其是來自於天星宇宙的祝福。單身適婚而想婚的雙女們，比較理想的情緣運將會出現在6月10日之後。

健康運勢

　　健康運勢是雙女們在2025年中，另一個較為順遂的部份。只不過，雙女們還是需要為自己安排個完整性的健康檢查，檢視來自於遺傳的訊息。另外居家環境的整潔值得強化，尤其是整體氛圍上的營造，對於全家成員的健康都有極大的助益。由於今年的「病符星」在中央位置，因此宜擺放「帝王水」以化解「病符星」的厄勢力。

雙女座流月運勢

運勢較為理想的月份：1、2、5、6、7、11與12月。

01月 運勢★：一年的開始，最需要的就是設定目標，以及達成的時程。這其中最需要用功的是事業和家庭之間的時間與心情的分配，本月不宜嫁娶。健康要注意，但出入行車更需要留意。幸運的是，值得掌握的合作機會可望如期出現。

02月 運勢★★：坐而言，不如起而行。這是個行動能量強大的月份，心動就該馬上行動，社群上的廣結善緣，合作夥伴的溝通，以及合作機會的掌握。工作與事業運勢同步理想，大利創業、轉型、拓展，只要行動就容易出現預期中的成果。

03月 運勢★★：事業運勢依舊理想，只不過本月需要低調，任何喜悅都不適宜敲鑼打鼓。偏財運勢，就是如此。有錢賺，賺到錢，都不宜聲張，為了避免招來劫財星。行動宮位能量依舊充滿，改變為的是更豐碩的收成。女士們的情緣運勢頗為理想。

04月 運勢★★：偏財運十分理想，商務買賣與業務行銷都值得加倍努力。這是個吉利的月份，事業運十分活躍，貴人氣勢也明顯，並且釋放出值得掌握的機會訊息。工作運更是理想，不過學習的機會出現了，還是值得掌握讓自己更優秀。

05月 運勢★：不論是以靜制動，還是一動不如一靜，都是在提醒不宜輕舉妄動。不宜遠行，因為要提防血光之災。健康運也不理想，有必要降低應酬的機率，工作壓力也需要獲得舒放。偏財宮磁場依舊活絡，投資求財有利可圖，只不過宜見好便收。

06月 運勢★：工作運勢雖然繼續理想，但宜默默耕耘式的方式執行業務，並且需要隨時檢視方向是否出現偏離。偏財運也同步理想，商

務買賣、業務行銷和投資求財都容易獲利。愛情運也是如此，得到太歲星的祝福，幸福指數有機會獲得提升。

07月 運勢★★：健康是最大的財富。雖然體力十足，但還是得依照生理時鐘作息，以免過勞而傷害健康。事業出現的詭異現象，狀似不吉利的事業運，其實天星結構透露出好處多多的訊息。聚寶盆擺放了嗎？如果還沒有，本週天星結構組成了海納百川的聚寶盆值得珍惜。

08月 運勢★：天王星中流砥柱，雙女們事業運獲得了蛻變性的提升，這是個理想轉變的時間與訊息。工作事務就要謹慎，即便成竹在胸事務也是如此。勤於參加社團聚會，因為貴人籌碼盡在其中。機會是自己創造的，不是等來的。

09月 運勢★：祝福雙女們，本月優雅穩健即可，合作事務、情緣事務、Go還是No go的事務，通通交給時間，亦即下個月再說。培養好心情，容易擁有好的奇遇，美麗的邂逅。家運頗為理想，這是購置不動產的好時機。

10月 運勢★：財利運勢頗佳，這是個可以優雅賺錢的月份。商務買賣順勢而為，股市投資求財逢低承接，工作事務靜下心就會歲月靜好。貴人磁場十分明顯，這是個宜積極廣結善緣的月份，為的是提高自我成長的空間。

11月 運勢★：謹慎理財是一種提醒，至於謹言慎行則是一種建議，不要向人說心情事，自己人也是如此。本月好運重點在於「風箏」的尾翼，亦即家庭重要事務的執行，以及工作領域的專業演出，其餘的事務，建議視若無睹。

12月 運勢★★：家庭運勢格外理想，遷徙、入宅與修造之舉宜擇吉執行，有意購屋換屋的雙女們也宜順勢而為。愛情運勢陽光普照，單身適婚宜多參加聚會。工作事務也容易因為遇到專家而出現轉機，自我的專業學習也十分重要。

LIBRA 天秤座（09月22日～10月23日）

幸運的流年，值得放手一搏

常聽說：機會是留給準備好的人。也有說：是留給願意給自己機會與創造機會的人。甚至於：不適宜的機會或錯誤解讀機會，比沒有機會更可怕！這是充滿機會的流年，天秤們覺得哪一種比較像自己。

- 幸運顏色：金黃、乳白、淡灰色。
- 幸運物：黃金虎眼石、瑪瑙、龍銀。
- 幸運數字：8、2、7、6及其組合。
- 吉利方位：正西方、西北方、西南方。

流年運勢

鮮艷的機會，以閃亮的方式開啟天秤座的流年序幕。這顆機會星提供了名利雙收的能量，同時也提供了辛苦有成的磁場。由此可知，對於天秤座而言，這些現象代表的是，2025是個幸運而吉利的流年。恭喜天秤們！

由於前述現象出現在事業和工作的宮位之間，再加上偏財宮又出現了正向共振的現象，由此可知，這是個值得放手一搏的流年，因為名和利可以一起活絡，實現了富貴並臨的願望。另外值得恭喜的是，出現在創作宮位上重量級行星的合相，帶給天秤們的是生活上成就型的精彩。此種具有開創能量的天星結構，開創的是同質領域的人脈，以及生活上實用的商品，這是一種值得放大的商機。

不過還是要提醒的是，由於出現在異動宮位上的刑剋，透露出海外事業需要提高風險意識，也在告訴天秤們平日要留意交通安全，喝酒不開車，疲勞更不宜駕駛。另外在事務的抉擇部份，雖然流年氣場十分吉利，但在做重要抉擇的時候，有兩個忌諱一定要先排除。一是，未經深思熟慮的承諾，另一個是因人設事，同時也忌諱人云亦云。

事業運勢

　　事業的成功也許會來自於努力與專業，但天秤們在2025年的事業成就，卻來自於激情和機會，還有多元性的變化，以及借力使力的槓桿式運作。這是個事業有成，工作獲得肯定的流年。這樣的流年唯一要提醒的是，從一而終，一個時間做好一件事情，聚焦是最為理想的旺運策略。

財利運勢

　　偏財運勢十分理想，由於和事業磁場出現共鳴現象，可以預期的是，在商務事業上有機會大鳴大放。企業商務運作，宜以多元的方式運作，唯有轉型才有機會讓財利好上加好。投資求財宜以穩健的方式運作，設妥區間，該賣該買依照計畫與數據行事。投資標的宜以原物料、高科技、AI、高速傳輸等概念股為宜。

情緣運勢

　　執著是一種責任，忠誠則是價值的肯定。天秤們2025年的情緣運，不只是愛情故事的發展，同時還是人脈與同心協力的呈現。值得一提的是婚姻的部份，由於金水逆行的緣故，正向的溝通成為了幸福的重要功課，兩人世界聆聽是最好的溝通。而天秤們也要關心另一半的健康，安排個完整性的健康檢查是必要的。

健康運勢

　　對於2025年的天秤座而言，健康很簡單，規律的作息，吃得好，睡得好，就是最大的幸福。而在流年關鍵星盤中的健康磁場，也是以此種方式呈現。需要提醒與防範的就是參加大型聚會或是出國遠行，有必要做好防護，戴上口罩一勞永逸。另外需要留意的是心情方面的健康維護，壓力需要得到舒緩，而最為理想的舒緩方式，就是關注商務獲利以及荷包的內容。

天秤座流月運勢

運勢較為理想的月份：2、3、4、6、7、10、11與12月。

01月 運勢★：不宜遠行，勢在必行的出遠門，旅程上的安排愈仔細愈好。事緩則圓，合作事務暫緩為宜。投資求財運勢並不理想，外資法人動向宜多關注，多看少做是值得參考的策略。情緣運勢也是如此，強摘的果子不甜。

02月 運勢★★：雨過天晴，本月的星空是晴朗的。驛馬星發動，伴隨的是情緣宮位的祝福，象徵愛的能量有機會發動。偏財運亦佳，伴隨的是穩健的運作策略，代表區間運作有利可圖。倒是事業上出現的機會，就需要斟酌。

03月 運勢★：事業職場上的機會由逆轉正，值得以穩健雙贏的模式運作。工作運勢頗為理想，鎖定目標，依照計畫緩步前進，成就反而容易獲得放大。值得提醒的是遠行的部份能緩則緩，其他事務也是如此，一動不如一靜。

04月 運勢★★：本月的星空再度出現晴空萬里，天秤座的事業受到了鼓舞，不論是轉型，還是轉換跑道都值得進行。愛情運勢出現了喜訊，該收網的就別猶豫。工作運勢雖然理想，不過重要抉擇最好從長計議，直覺性的選擇容易引來困擾。

05月 運勢★：謹慎理財是這個月的主軸提醒，尤其是股市投資求財的部份，由於容易受到市場影響，因此建議逢高調節後靜觀其變。愛情事務則需要更多的耐心。幸運的是，由於貴人氣勢明顯，因此合作的機會值得掌握。

06月 運勢★：驛馬星又發動了，本月除了旅遊之外，海外投資求財容

易有豐碩的獲利。情緣與姻緣磁場出現共鳴，有情人終成眷屬的幸運指數獲得了提升。投資求財，宜關注外資法人動向，高科技是理想標的。

07月 運勢★：心在哪裡，世界就在哪裡。這是個謹慎面對投資事務的月份，尤其忌諱短線上的奔波。不過對於商務買賣來說，卻是十分亮眼，只因為偏財運頗佳。合作事業的運作不宜再加碼。平日將天馬行空的點子記起來，因為容易成為日後賺錢的方子。

08月 運勢★：妥善管理情緒，同時也妥善管理荷包，就從避開情緒性消費的機會開始。本月最為吉利的旺運策略就是學習，尤其是專業領域的學習。事業夥伴和婚姻伴侶都需要耐心面對，聆聽的確是理想的溝通。

09月 運勢★：人多的地方不要去，非不得已也宜謹言慎行。自己人好說話，這句話不但不適用於本月，同時要避開人云亦云的情況發生。換言之，自己人的建議聽聽就好。投資求財宜避開市場的疑惑，高科技依舊是理想標的。愛情事務，宜雲淡風輕。

10月 運勢★：祝福天秤們生日快樂。一年一度的當家作主，今年就屬天秤座最風光，只因為星空出現了一隻高飛的紙鳶，而貴人宮位出現強烈的正能量，引動了家庭運的起飛。購屋、修造之舉皆可順勢執行。

11月 運勢★★：這是十分微妙月份，事業運十分理想，大利創業與轉型或新商品的上市，還有上班族的轉換跑道。投資運也理想，掌握逢高調節的機會納財入袋。唯一需要放下的是自我意識，不堅持就是最好的堅持。

12月 運勢★：財利運勢頗佳，對於業務行銷最為有利。對於企業而言，這是個絕佳的同仁培訓，凝聚共識的機會。工作運勢亦佳，一步一腳印是最好的旺運策略。合作的機會頗為明顯值得掌握，而家人或夥伴的建議也值得參考。

SCORPIO 天蠍座（10月23日～11月22日）

不斷學習，珍惜蛻變的機會

走老路子，到不了新地標。跑對方向，比跑的速度更重要。世界不斷在創新，天蠍們2025年的命盤主軸也是如此。創新的世界，創新的生命，創新的結合，珍惜蛻變的機會。

幸運顏色：藍色、棕色、銀色。
幸運物：紅瑪瑙、黑曜石與黑碧璽。
幸運數字：7、6、1、0及其組合。
吉利方位：西北方、正北方、正西方。

流年運勢

學無止境，活到老，學到老。這種說法已經落伍了，只因為現在的環境已經很難用「日新月異」來形容，更遑論「活到老，學到老」的老掉牙論調。尤其是天蠍們成長蛻變的宮位，出現氣勢超強機會星的2025年，唯有不斷學習才有足夠的氣勢「脫胎換骨」。

萬事俱備，只欠東風，對於天蠍而言，2025年就是東風出現的流年。因為守護星和土星以及天王星形成了吉利的小三角形，代表的是天蠍們可以透過整合的方式，讓整個運勢出現翻轉式的改變。由於這種改變和投資與貿易有關，因此可以預期的是，天蠍們2025年精彩大戲肯定不會只有事業或財富。

值得提醒的是健康的部份，由於行星以逆行方式開啟天蠍們的流年健康大門，於是健康養生成為了2025年的重要功課。換個角度來說，既然是充滿新生命的流年，充沛的體力是重要的，因此養生保健事宜就不應該被忽略，健康的部份請閱讀「健康運勢」。

另外值得一提的是人脈經營的部份。由於守護星和人脈宮位行星產生共振，因此除了身邊既有的人脈之外，天蠍們需要勤於參加社團聚會以利廣結善緣，而最為理想的人脈來自於學習的場域和過程。

事業運勢

事業範疇在國際的天蠍有福了，掌握住日新月異你就是贏家。創新是現在市場的必須，競爭力容易獲得提升。對於有意創業的天蠍而言，同樣可以掌握住機會開始執行，並且是義無反顧執行。一般天蠍們要不進行斜槓學習，要不良禽擇木而棲轉換跑道，只因為下一個會更好。

財利運勢

謹慎理財，2025年的開宗明義，只因為流年關鍵星盤中正財與偏財磁場都不理想。幸運的是，冥王星釋放舒緩能量，代表任何投資求財都有必要以專業的角度檢視，並且回歸基本面。投資標的宜以營建公司中龍頭股為佳，並且密切觀察財政策略的動向，而不動產也是投資目標。

情緣運勢

水到渠成，這是天蠍們在2025年情緣運勢的描述。雖然2025年的天蠍是忙碌的，不過天蠍們隱藏的熱情還是受到了鼓舞，再加上情緣和婚姻宮位之間出現了和諧的磁場，該收成的莫猶豫。情愛狀態需要調整的，也容易獲得調整的機會。單身適婚天蠍們的美麗邂逅，有機會出現在旅遊過程中。換言之，這將會是個有機會出現異國戀情的流年。

健康運勢

健康一直以來就是人類最重要的功課，而在健康宮位磁場並不理想的2025年，天蠍們千萬不要因為過於忙碌，而忘了養護健康。這是個有機會賺到全世界的流年，但因而危害了健康划不來。事實上，健康養生其實並不難，就從回歸常態的作息即可。居家環境的舒適十分重要，維持乾淨清爽是要件，因為濕氣是健康最大的敵人。

天蠍座流月運勢

運勢較為理想的月份：1、2、3、4、6、7、11與12月。

01月 運勢★：謹慎理財，由於正偏財都不甚理想，商務買賣收斂為宜，再加上投資運也受影響，股市投資只低接不追逐。幸運的是，家庭運與姻緣運都十分理想，這是一種貴人就在身邊的寫照，值得天蠍們珍惜。

02月 運勢★★：家庭運勢格外理想，入宅、遷徙、修造等事皆可擇吉執行，購屋置產也是好時機。時間正巧在新春期間，家人的歡愉，家人的運勢，都容易在元宵節提升到最高點。合作運亦佳，但還是先釐清彼此的顧慮再說。

03月 運勢★：五星曜再加上羅喉匯聚在情緣宮，情緣運變得十分活絡。再加上姻緣宮匯聚中的行星產生合相，類似紅鸞星動的現象出現了。該收線的，就別再猶豫了。不過要提醒的是，投資運勢並不理想，逢高調節避開風險為宜。

04月 運勢★★：工作運出現了陽光，值得加把勁不但可提升效率，同時也提高了財運。機會星再度釋放吉利能量，大利轉換跑道。愛情運勢也理想，但還是需要循序漸進，弄巧成拙就不妙了。投資運也是如此，區間為宜，短線奔波為忌。

05月 運勢★：清明時節並不一定是雨紛紛，而是氣候怡人，這個時候是最為理想的旅遊時段。天蠍們宜安排全家旅遊，家人快樂了，家運開展了。用地域風水轉化天星的刑剋大三角，家運、事業運與合作運都可望獲得轉化。

06月 運勢★★：事業運陽光普照，賺錢的機會出現了，先掌握再說。

工作運也出現共振，於是一種辛苦有成的磁場出現了。家庭運雖然理想，但重大的抉擇與金額的花費，最好稍安勿躁。愛情事務千萬不要用感覺與直覺判斷。

07月 運勢★： 財不露白，許多好事默默自我欣賞就好，敲鑼打鼓容易招引劫財星。上帝提供了一個聚寶盆，卻沒有提供適合的蓋子，因此商務買賣與投資求財獲利後靜觀其變為宜。驛馬星發動，順著市場趨勢移動為宜。

08月 運勢★： 先處理心情，再處理事情。心開運就開。心在哪裡，世界就在哪裡。這個月想要擁有好運氣，就得先擁有好心情。聚焦在喜悅，憂慮就不容易匯聚。面向陽光，就見不到陰暗。本月唯一聚焦的就是偏財，商務買賣與投資求財獲利為先。

09月 運勢★： 財利運勢頗佳，尤其在儲蓄型的投資標的上，不動產概念股也會是理想的標的。將居家風水布局得當，本月天星負能都有機會化解。事業與工作不宜輕舉妄動。重大抉擇與行動，稍安勿躁。合作事務的洽商，以退為進。

10月 運勢★： 積極不要著急。世界愈快，心則慢。學會慢活，欣賞平日忽略的好風景，成為了本月理想的功課。外出交朋友，只因為貴人在遠方，用心品味生活就從廣結善緣開始。工作方面，順勢就好。家庭重要抉擇，能緩則緩。

11月 運勢★： 祝福天蠍們生日快樂。用心感動的事務，最容易產生共鳴，愛情就是這樣。方向對了，目標也設妥了，無須理會周遭的聲音，朝向目標前進。雖然胸有成竹，但真正需要規避的反而是過度的自信。

12月 運勢★： 方向擬定了，航道障礙也排除了，想飛就高飛吧！驛馬星如飛機，帶著水星、金星和土星高飛，年底的換職潮出現了。天蠍們搭個順風船，為的是更了解自己在市場上的價值與定位。家庭運十分理想，重要吉事順勢執行。

SAGITTARIUS 人馬座（射手座）（11月22日～12月21日）

反觀自省，調整後再出發

外求一物是一物，內求一物是全部。2025年的最大貴人就是自己，而讓自己沉淪的也會是自己。那是一道光！一道最親近的自己人的光，也是反應內心世界的光，就像鏡子一樣。

> 幸運顏色：咖啡色、金黃與棕色。
> 幸運物：珊瑚、鈦晶、銀色。
> 幸運數字：1、8、2、6及其組合。
> 吉利方位：正北方、西北方與東北方。

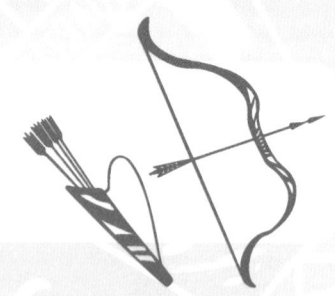

流年運勢

每個星座在每一年都會有各自的主要運勢主題，這是一種星座在流年關鍵星盤中的角色扮演，是一種流年的主氣，也是需要專注的開運策略。因此在專業的星座學術中推論流年運勢，通常先不論整體星盤的吉凶，而是星座的流年輪值任務，正所謂「做好一件事，解決所有的事」，指的就是這個意境。

人馬們2025年的流年主氣出現在家庭場域，代表這一年人馬們有必要收斂起奔波的星座習慣，多用一些時間陪伴家人，家庭圓滿和樂，自己的運勢就圓滿和樂。另外一個訊息，那就是總是忙碌的人馬，在2025年有必要反觀自省，多關照自我，這是一種調整之後再出發的寫照，代表人馬們的2025年將會是另一個重要人生故事出發的里程碑。

流年的另一個任務就是人脈。人馬們的2025年人脈能量是強壯的，因為容易與仰望的強人產生合作的關係，十分值得珍惜。不過也有需要努力調適的部份，那就是自己的內心與外界的溝通，自己和自己人是最需要多費心思的部份，就從耐心聆聽開始。不論對與錯，先接受訊息，再來調整不遲。

事業運勢

成就事業之前，要先成就自己。

只因為外界所有的事物，都會是內心世界鏡像效應的結果。在事業上，除非不想做大，否則合作絕對會是大事業的必須。值得一提的是，籌組資金共創事業是一種合作，技術交流共好共容也是一種合作，而競爭對手的競賽與學習則是刺激自己成長的動力。不論在那一個領域與階層，學會善用賽局中的競合關係，人馬們就是贏家。

財利運勢

馬無野草不肥，人無偏財不富。賺錢需要的是機會，當然更需要膽識。2025年關鍵星盤中，人馬們的偏財運既出現機會，且擁有膽識，這是個有機會發財致富的流年。就流年星盤來說，最容易出現的致富機會就是承接，家族傳承是一種承接，接替別人的公司或商店更是一種承接。對於投資求財而言，就線論線，人丟我撿自然也是承接。宜以轉機、高科技、能源、權值概念股為發財標的。

情緣運勢

紅鸞星動年，是的。這是受到紅鸞吉星照拂的流年，但需要反向思考與自省的流年。整體而言，這一年不利嫁娶，卻大利調整情緣世界的秩序，單身適婚而想婚的人馬，換個策略會更理想，那就是以退為進。已然有伴侶的人馬，多一些耐心與愛人互動，多關心愛人的心情與健康狀況。其餘人馬，需要的就是自我對話了，2025年的主要任務是「多愛自己，成就自己」。

健康運勢

健康寶寶，是人馬們在2025年健康運勢的代名詞。最主要的原因，是人馬們領悟了健康的重要，開始改變生活作息。但可惜的是，並不容易持之以恆。因此除了改變作息之外，最好的策略就是改變人脈環境，參加養生團隊或是修身養性的健康社團是理想選擇。值得一提的是，過於在乎別人的眼光與聲音，不但影響健康，同時也會影響整體運勢。

人馬座流月運勢

運勢較為理想的月份：1、2、3、5、6、7、11與12月。

01月 運勢★：人之可貴，就在於可以做自己的主人。過於在乎別人的眼光與聲音，更何況又是負面的訊息，恐怕就要有所警惕了。家庭的重要事務雖然需要謹慎以對，不過事事不可為地畏縮，反而扼殺了整體好運勢的進駐。

02月 運勢★★：上個月的勇敢，造就了本月的機會。本月充滿改變的能量，就出現在工作宮位，代表「傳統」加上「創新」，人馬將所向無敵。唯須提防的是，事業夥伴或合作對象的恣意妄為，事先規劃好風險規避是必要之舉。除此之外，這是個吉利月份。

03月 運勢★：順利成家立業是什麼樣的感覺，當然會是榮耀的。工作的好運勢持續，該改變的也不宜停歇，加上家庭運的共鳴，屬於家庭事業的人馬經營者，容易獲得突破性的收穫。愛情運勢宜將眼睛放亮，或是將腳步放慢，才有機會從容應對。

04月 運勢★★：好運持續，改革持續。願有多大，力量就有多強。這是個收成的月份，工作上的階段成就，愛情上的開花結果，家庭幸福的提升，貴人也明顯，偏財運更獲得了激勵，這個月絕對值得衝刺。唯需要提醒的是，感覺性的抉擇，不會是好抉擇。

05月 運勢★：常說健康是帶領百萬、千萬數字前面的1，沒有了這個1，後面的0，永遠都會是0。而造成健康的因素是過勞，人馬們不宜忽略此無形殺手的可怕。幸運的是，愛情運勢頗佳，值得撥出時間經營，同時避免過勞。

06月 運勢★：紅鸞星動了，姻緣宮的太歲星與情愛宮位的丘比特合上

了，這是開花結果的訊息，值得努力。還有更神奇的，那就是愛情丘比特會見了激情星，有機會出現浪漫的異國戀情。投資運勢佳，有機會創造震盪財富。

07月 運勢★：一動不如一靜。本月不宜遠行，勢在必行務必做好萬全規劃。平日也需要留意交通安全，疲勞千萬不要駕駛。雖然說計畫永遠趕不上變化，但本月只要依照計畫行事，不但負能降低了，同時也有機會營造預期之外的財富。

08月 運勢★★：莫讓莫非定律的戲碼有演出的機會，就從避免先入為主開始。上月一動不如一靜的建議，本月繼續適用。不過由於行動的磁場十分活絡，再加上又出現了風箏高飛天象，但以靜制動還是必須要有的思維。事業、愛情、交友、求財都是如此。

09月 運勢★：平安就是福。所有的事務宜架構在謹慎的思維上，謹慎面對事業職場上的異動，即便再好的機會出現了，也宜經過深思。人因夢想而偉大，但本月的夢想需要現實面的支持。開大門，走大路，事業想不旺都難。

10月 運勢★：方向不對，努力白費。方向不是憑感覺，而是不斷測試，這是本月人馬們的功課。回歸現實面，將生活焦點擺放在事業上，可望降低周遭干擾與紛擾，否則這是個容易誤入歧途的月份。工作事業如此，交朋友也是如此。

11月 運勢★：驛馬星發動了，方向是專業學習與貴人聚集的地方。本月人馬們最需要執行的將會是遠離塵囂，聚焦在自我成長的領域，可免去市場的動盪與紛擾。唯有如此才能將活絡的偏財運能量，聚焦在發財致富上，

12月 運勢★：雨過天晴，雖然仍有一隻紙鳶繼續高飛，但由於方向不對，這個月的市場恐怕不平安。人馬們最好凝聚自己的能量，選擇自己的方向。抱持學習的思維和心態，即便原地踏步都比盲目跟隨要好。財利運勢頗佳，默默耕耘財富依舊理想。

CAPRICORN 山羊座（摩羯座）（12月21日～01月20日）

順勢而為，機會出現就該掌握

人生就是一連串的蛻變與成長，就像蝴蝶一樣，最終會蛻變成最美的自己。時機與環境則是決定蛻變成功與否的關鍵因素，而時機與環境可以等待，更可以自我創造。

幸運顏色：棕色、淡藍與紫紅色。
幸運物 ：紅翡、月光石與琥珀。
幸運數字：7、8、0、1及其組合。
吉利方位：東北方、正北方、正西方。

流年運勢

新的生命型態與新的生命價值源自於外界，像極了雞蛋與生命的描述，那就是「由內部打破是生命，由外面敲破是食物」。蛻變的行星出現在外界看到的自己的位置，2025年的生命蛻變恐怕是由不得山羊們，這個時候順勢而為是理想的旺運策略，借力使力，借勢造勢。

需要提醒的是家庭運勢的部份，雖然新的生命型態也出現在家庭宮位上，只不過由於關鍵星盤的行星氣勢不佳，因此對於家庭的重要事務執行與抉擇，還是謹慎再三為宜，這其中尤以搬家、遷徙為甚。化解之道在於同心協力和以靜制動，至於改變生活環境的部份，就從布局好風水開始。

6月10日之後的下半年，山羊們的生活型態容易出現大轉變。山羊們會開始注重自己的外在形象，衣著得體，舉止得宜，因為一股清新的氣息從外到內。於是，山羊們會懂得如何從日常生活中掌握學習與成長的機會，體悟三人行必有我師，即便是一般性的聊天都能夠掌握自我成長的訊息。這是一種養分無所不在，因此合作的機會出現了就該掌握，而進入婚姻的機會出現了更不應該猶豫。

事業運勢

　　工作運勢雖並不理想，不過合作機會卻十分活絡，代表與其單打獨鬥，不如團隊合作。只不過需要提醒，合作對象務必避開「自己人」，亦即兄弟姊妹與親朋好友。企業山羊對於企業的翻轉與改造，值得進行；一般企業山羊，則宜以務實的方式學習與成長。小企業需要自我共識，心口一致，行動才會一致。

財利運勢

　　財利運勢十分理想，這是個值得用心用力再加把勁的流年，只要辛苦有成，再辛苦都值得。只不過需要提醒的是，與親友家人有關的財務還是少碰為宜，當然更忌諱一起投資，一起求財。關於股市投資求財，短線靈活運作為宜，高科技、能源、航運概念股，以及指數型ETF與定期定額的基金，值得山羊們關注。

情緣運勢

　　有一種幸福，雖然突如其來，卻很真實，值得山羊們珍惜。一場美麗的邂逅，容易出現在傳統的聚會上，以及沒有刻意目的的學習課程上。這是個情感穩健的流年，同時也是容易提升情愛幸福指數的一年。雖然家庭運勢並不理想，不過姻緣星氣勢卻十分活躍，因此當甜蜜的機會出現了先掌握再說。已有伴侶的山羊們，另一半是大貴人。

健康運勢

　　健康運十分不理想，原因來自於過度的自信與理所當然，再強再壯的身體也經不住持續性的折騰。就星盤而言，這一年的浪費現象十分明顯，而被浪費的是健康籌碼。幸運的是，6月10之後，此種消耗型的現象與磁場將會離開，屆時就有機會將健康找回來。雖然如此，還是不宜過度逞能，繼續浪費健康籌碼，否則再多銀子，再大的金山也換不回來。

山羊座流月運勢

運勢較為理想的月份：2、3、4、6、9、11與12月。

01月 運勢★：謹言慎行，即便是誠懇的建議也是如此，只因為忠言逆耳。健康磁場並不理想，有必要收斂放蕩形骸，我行我素的態樣。謹慎理財，許多時候機會未必是機會。

02月 運勢★：財利運勢十分理想，不論投資求財，還是本業營運，都容易豐收。工作運勢也理想，只不過不宜輕舉妄動。蛻變的愛情是美麗的，但不應該是見異思遷的變。

03月 運勢★：貴人磁場由負轉正，合作的機會出現了就該積極掌握。雖然成家立業的能量十分強烈，不過不包括購買房產。最好的溝通就是聆聽。

04月 運勢★★：包括羅喉在內，一共有5個星曜匯聚在財帛宮，再加上行星的正能量，山羊們的財利運勢是活絡的。工作運勢頗佳，機會可以掌握，更可以創造。

05月 運勢★：愛情不應該成為生活中的重心，否則很容易出現為情所困的現象，其中又尤以女士們為最。投資求財見好便收，規避短線風險為先。

06月 運勢★★：工作運勢頗為理想，點子來了，動力就來了，本月大

利事業轉型或開創事業。偏財運也理想，商務買賣與投資求財積極營造短線機會財利。

07月 運勢★★：人云亦云是忌諱，方向對了，資源也整合了，就該動起來。偏財運格外理想，短線運作為宜。抱持學習的心廣結善緣，提升專業力。

08月 運勢★：謹慎行事，謹慎思維，謹慎待人處事，甚至於謹慎選擇方向。幸運的是，工作運勢依舊理想，不過不應該墨守成規，換個思維，換個策略，事業就會換個風景。

09月 運勢★：財利運勢並不理想，正財和偏財都陷入動盪的局面。本月商務買賣以薄利多銷為宜。合作事務稍安勿躁。家庭重要事務，事緩則圓。

10月 運勢★：低調是事業職場的必須，機會出現了也需要多一些時間思考。合作事務積極不著急。愛情事務則該化被動為主動。人多的地方不要去。

11月 運勢★：方向不對，努力白費，正確的執著強過於辛勤摸索。擬定方向，集中火力，事業與財富運勢都有機會提升。健康磁場不佳，養生事宜需要多費心思。

12月 運勢★★：健康依舊是本月主要課題，其他運勢十分理想。貴人明顯，合作機運佳。家運也理想，遷徙、入宅與修造皆宜。財利運勢架構在專業的素養上。

AQUARIUS 寶瓶座（水瓶座）（01月20日～02月22日）

天助自助，壓力是成長的原動力

天底下的事情，真的只是巧合嗎？真的沒有冥冥中的安排嗎？有人說：「人，從來不是自己命運的主人。」真的嗎？也有人說：「任何發生都會是最好的安排。」你最好相信。寶瓶座接下來的20年命運就是這樣，察覺發生，掌握發生，再來運作發生。

幸運顏色：秋香綠、天空藍與咖啡色。
幸運物：葡萄石、白玉與木化石。
幸運數字：1、2、8、3及其組合。
吉利方位：東北方、正北方及正東方。

流年運勢

天底下的事情，若不是巧合，就是老天爺早就寫好了劇本。

2025年是「九紫運」的第二年，冥王星在寶瓶座與山羊座之間來來去去。在經過幾次的來來回回後，終於在2024年11月20日正式進入寶瓶座，開啟了「九紫運」第二年的序幕。這一待就是20年，2043年是冥王星在寶瓶座的最後一年，正巧也是「九星風水」中「九紫離運」的最後一年。仔細想想，天底下的事情，真的是巧合嗎？難道真的沒有冥冥中的安排嗎？

冥王星的幽冥能量十分神祕，主掌的是死亡與重生，還有破壞與重建，給人一種「既期待，又怕受傷害」的感覺。對於寶瓶座而言，冥王星的進駐既是喜，也是憂。喜的是，終於可以擁有霸氣行星的助威，讓自己變得有型，有風格，擁有接受老天爺眷顧的「天助自助」機會的權益。而憂的是，霸氣行星的進駐，壓力與責任一股腦湧來，不過明白「壓力就是成長的原動力」的道理，將會化憂為喜。

2025年5月4日冥王星開始進入逆行狀態，屆時冥王星、火星與太陽會以「三刑會沖」的方式呈現，影響最大的將會是家庭運勢。10月13日恢復順行，逆行期間的風險管理最好事先做好規劃。

事業運勢

機會是留給準備好，並且願意行動，以及願意給自己機會的人。工作運勢極為理想，並且充滿個機會，這是個值得加倍努力的一年。巴菲特認為懂得創造複利收益的人，才是真正的聰明人。寶瓶們的流年工作領域充滿著機會星的身影，這是一種創造複利的寫照，陳述著斜槓的重要。

財利運勢

投資運勢並不理想，但並不適宜用「謹慎理財」的提醒。只因為問題不在於是否謹慎，而是過度自信。這是個容易出現誤判時局，而讓荷包受到傷害的流年。因此賣得好不如買得好，買得好不如買對標的。就線論線不再是保命符，守紀律才是。投資標的宜以消費型三C、車用電子、電池、光電與封裝概念股為主標的。

情緣運勢

暴殄天物是最可怕的浪費，這其中沒有任何浪費比浪費好運氣更可怕，而將青春與生命時光浪費在不對的人身上，則又是更加一等的可怕。將生活焦點擺放在工作上，以及自我成長上，則不但可怕的事情不會發生，青春與生命時光也不會遭到浪費。家庭運勢佳，已有伴侶的寶瓶，改變居家布局可望提升家庭幸福指數。

健康運勢

健康寶寶年，精力旺盛，活力充沛，這些都是寶瓶們2025年健康運勢的描述，善用這些精力寶瓶們容易在事業上拼出成績來。只不過需要提醒的是，精力總有用完的時候，因此妥善管理時間以免過度透支精力傷害健康。另外要提醒的是，務必學會自保，避免感染流行性的疾病，感冒小事，影響免疫系統才是大問題。

寶瓶座流月運勢

運勢較為理想的月份：1、2、3、4、6、7、9與12月。

01月 運勢★：有一種感染比疾病更可怕，那就是負面情緒。遇到發脾氣的人，不要與之共舞，讓對方先處理心情，再來一起處理事情。財利運勢頗佳，值得將生活焦點放在商務，以及美好的事物上。

02月 運勢★★：家庭運勢十分理想，尤其是和財利運勢出現共振，代表大利不動產的購置，有機會買到發財屋。事實上，儲蓄型概念股一樣值得投資。祝福寶瓶們生日快樂。學習是為了讓生命更精彩，尤其是專業的學習，以及高階人脈串接的地方的學習，EMBA或MBA就是。

03月 運勢★：財利運勢十分理想，商務買賣與業務行銷都有利可圖，不過對於類似股市投資的險財恐怕就不是如此了。按部就班，步步為營，成為了本月理想的趨吉必須策略，事業如此，投資如此，愛情也是如此。

04月 運勢★★：上個月的步步為營，造就了本月的豐碩財富。這是個晴朗無比，順暢如意的月份，不過對於財富的管理來說，見好便收，納財入袋才是智者之舉。貴人磁場十分活略，大利執行廣結善緣是為了積累事業貴人籌碼。

05月 運勢★：趨吉避凶是兩碼事，只要將凶象避開了，吉利自然容易浮現，因此先避凶再來談趨吉。木星本月4日進入逆行狀態，而星空中的「三刑會沖」在提醒，攸關家庭日後運勢旺衰的事務避開本月再說。幸運的是，貴人磁場十分明顯，宜將生活焦點擺放廣結善緣上。

06月 運勢★：家庭運勢依舊理想，貴人能量也同樣滿檔，此種天象

符合了巴菲特的理念,那就是「在家裡舉辦小型聚會」,既提升家運,又旺了人脈磁場。購屋換屋也是好時機。不過險財投資宜謹慎,見好便收為宜。

07月 運勢★★:事情不能只看表面,許多不平靜的表面,卻隱藏著吉祥如意的內涵,這就是本月出現在寶瓶座天空的星象。狀似不吉利,其實一個好運滿滿的聚寶盆正在釋放吉利能量,收納財富,收納好家運,收納貴人運,收納整體好運勢。恭喜寶瓶們。

08月 運勢★:改變是不容易的事,尤其是整體性180度改變,更不容易。不過本月星空出現了一種訊息,那就是「做好一件事,改變所有的事」,這件事就是學習。抱持好奇的心,學習的思維,面對事物,寶瓶們容易擁有個美妙的8月。

09月 運勢★:上個月的精彩與美妙,營造了本月貴人滿滿的吉利能量。繼續廣結善緣,讓貴人的能量可以無遠弗屆,積極參與社團活動啟動新層次的貴人能量。健康磁場並不理想,沒事多休息,出遠門之舉避之為宜。

10月 運勢★:一動不如一靜,這是個以靜制動為佳的時段,尤其是工作上的異動,避之為宜。不宜出遠門,勢在必行,務必做好萬全規劃。幸運的是,偏財運頗佳,商務買賣與業務行銷都值得努力。事業職場上所出現的機會,務必斟酌幾番。

11月 運勢★:謹慎理財,尤其要避開情緒性消費的機會。事業上合作的機會出現了,上個月的斟酌,本月繼續適用。本月不宜嫁娶,聆聽是最為理想的溝通。健康磁場並不理想,休息是為了走更遠的路,當埋頭趕路的時候,還是需要抬頭看路。

12月 運勢★:貴人磁場十分明顯,本月大利積極廣結善緣,積累貴人籌碼。與日後家運興衰有關的重要抉擇,稍安勿躁為宜。放下是為了下一次的拿起,放下執著是為了避免陷入誤判的泥濘。幸運的是,事業運作頗為順遂,不過關鍵時刻還是有必要以退為進。

PISCES 雙魚座（02月22日～03月20日）

事業運理想，值得放手打拼

寧在直中取，不向曲中求。思想轉個彎，道路會更寬。轉念即菩提，轉念不是退縮，而是一種技術性的轉進。如何化衝突為和諧，化競爭為雙贏，雙魚們請繼續看下去。

幸運顏色：墨綠色，大地色、銀灰色。
幸運物：墨翠、瑪瑙、銀曜石。
幸運數字：4、5、1、3及其組合。
吉利方位：正東方、正北方、東南方。

流年運勢

雙魚應該是2025年十二星座中整體運勢最有份量的星座，因為在流年關鍵星盤中，包括羅睺在內，還有土星和海王星進駐，事業宮的太陰星釋放三合的磁場，以及神祕宮位冥王星的六合能量。如此看來，雙魚們的事業運與貴人運都十分理想，這是個值得放手打拼的流年。愛情運勢也理想，中規中矩中出現一抹美麗的驚豔。

唯需要提醒的是家庭運勢的部份。雖然有了太歲星的照拂，不過可惜的是，由於流年關鍵星盤中的太歲星磁場並不理想，因此容易讓雙魚們形成腹背受敵的情況，家庭和事業蠟燭容易兩頭燒。而回歸現實面將是最為理想的化解之道，也就是一切的一切都依照計畫行動，並且堅持到底。另外，要讓自己成為很多人的貴人，將有份量的好運勢分享給有緣的人，落實「玉米田主人」的心願，當周遭所有的人運勢提升了，自己的好運才會到達最高點。

冥王星的進駐，往後的20年，很可能雙魚將不會像雙魚，因為將會擁有堅定的心志，霸氣的底氣與思維，讓雙魚的浪漫容易轉為理想與抱負。另外值得一提的是，想要擁有全方位的貴人，雙魚們就需要經營多元化的人脈，讓未來20年的雙魚可以成為更有自信，更有魅力，躍龍門的魚。

事業運勢

　　時間在哪裡，世界就在哪裡！心在哪裡，世界就在哪裡！每個人的一生都在為事業打拼，因此新的一年，新的開始，首當其衝的肯定就是事業運勢的關心。只不過，對於雙魚而言，卻需要轉移焦點。自我肯定與自我價值的塑造，將會是2025年雙魚們絕佳旺運的主要功課。另外要提醒的是，心情與情緒管理十分重要，許多事情盡可能釋懷，換位思考，身分抽離，都是理想策略。

財利運勢

　　謹慎理財，這是必須的提醒。只因為在流年關鍵星盤中，所入駐的行星都釋放出負面的能量，代表極容易因為誤判而讓荷包受到傷害，這其中尤其以購置房地產為甚。幸運的是，由於投資宮位行星釋放正能量，代表投資求財有利可圖。掌握短線震盪營造機會財利，急跌承接，急漲調節。投資標的宜以能源、原物料、消費性電子、通訊高科技等概念股為佳。

情緣運勢

　　生活在目前時代環境的人們，最缺乏的就是激情。幸運之神的眷顧，為雙魚的激情場域提供了強大的正能量。在這樣的流年中，一不小心就會陷入愛情的蜘蛛網中，雖然這是一種幸福的訊息，不過還是需要守住該有的分際。單身適婚雙魚，主動出擊成功率極高。已有伴侶的雙魚，宜燃起愛的激情，並將精神投入投資市場，激活獲利的激情。

健康運勢

　　呼吸道系統的保健將會是2025年雙魚們最需要用心的部份，雖然這樣的提醒並不容易讓雙魚們接受，但由於整體磁場的弱化，這是一種非常容易受到風寒感染的現象寫照。能戒菸最好，出門戴口罩，尤其在人多的密閉空間，以及留意天候變化。另外要留意的則是腸胃的調養，就從居家飲食習慣開始著手，發泡性、醃漬品、澱粉等加工食品，敬而遠之為宜。

雙魚座流月運勢

運勢較為理想的月份：1、2、3、4、5、6、7與12月。

01月 運勢★：用喜悅的心情迎接新的年度陽光。雖然事業十分重要，但務必留意事業和家庭之間的時間分配。雖然壓力是成長的原動力，但壓力也是無形的殺手，需要適當的調解和梳理。本月人緣磁場頗佳，值得努力執行廣結善緣旺運策略。

02月 運勢★★：機會是留給準備好的人，但必須是謹慎面對的人。聽聽圈外朋友的想法與看法，再和自己的流年計畫比對，看看需要擺放多少比例的心力。幸運的是，貴人磁場十分強勁，雖然廣結善緣很重要，但最重要的是自我價值肯定。

03月 運勢★：雙魚們生日快樂！一年一度的當家作主，就屬今年最為熱鬧，因為包括羅喉在內一共有6個星曜匯聚在雙魚座，這是個值得大膽許願的月份，願有多大，景就有多美。不過家庭與愛情的重要事務與抉擇，還是稍安勿躁為宜。

04月 運勢★★：雙魚座依舊熱鬧，但由於金星和水星在雙魚座進入的逆行狀態，因此上月的謹慎本月依舊適用。除此之外，本月的整體星空格外晴朗，財利運勢、貴人磁場、愛情事務，以及家庭運勢都以正向而順暢的方式呈現，這是雙魚們最幸運的一個月。

05月 運勢★：盡信書不如無書。對於「人」也是一樣，沒有永遠的貴人，也沒有永遠的敵人。許多時候，許多事情，一廂情願不會是好事。幸運的是，財利與家庭運勢磁場頗佳，將生活焦點擺放在投資求財和家庭重要事務的落實，雙魚的運勢容易更加完善。

06月 運勢★：又是一個擁有晴朗星空的月份。工作運勢格外理想，機會也特別活絡，這是一種事半功倍的寫照。再加上家庭運勢出現共振，重要事務如購屋、修造、遷徙、入宅都值得擇吉執行。

07月 運勢★：財利好運勢十分顯著，這是一種「進可攻，退可守」的寫照，投資求財設妥區間，確實執行肯定會多賺少賠。不過值得提醒的是，合作事務還是需要多一分謹慎。健康的部份也同樣需要多費心思，可免風寒之苦。

08月 運勢★：機會出現了，值得積極掌握，但忌諱盲目跟隨。愛情運勢如此，工作運勢也是如此。本月不宜出遠門，尤其忌諱情緒上遠行。幸運的是，家庭運勢頗優，不論是否遷徙，都需要將居家重新整理擺設一番。

09月 運勢★：謹慎理財，尤其是海外投資的部份，該獲利的，儘快調節出場。事業上的重大變革，稍安勿躁為宜。雖然偏財出現了一束曙光，但還是需要謹慎分辨曙光的真偽。幸運的是，家庭運勢格外理想，布局溫馨的窩是旺運之道。

10月 運勢★：偏財運勢雖然格外活絡，不過股市投資求財需要謹慎以對，尤其不應該隨著市場氣氛起舞。幸運的是，貴人磁場頗優，並且就在身旁，因此學會聆聽就容易擁有轉運思維。重要事務，以靜制動，外出要留意交通安全。

11月 運勢★：愛情的星空頗為晴朗，有一種紅鸞星動的跡象，但還是多給一些觀察的時間。事業上的重要抉擇，還是另擇他月執行為宜。偏財運勢並不理想，股市投資求財，容易受到國際財經盤的干擾，多看少做為宜。

12月 運勢★：水象大三角引動了機會的磁場，這是個充滿機會訊息的月份。貴人氣勢十分明顯，引動了事業與財利運勢的活力，就從強化自己的信心開始。異動的正向磁場出現了，該動的就不該靜止與猶豫。

雙魚座　事業運理想，值得放手打拼

2025蛇年開財運賺大錢

作　者—陶文
主　編—林菁菁
企　劃—謝儀方
封面設計—楊珮琪、林采薇
封面攝影—吻仔魚攝影工房 李國輝
內頁設計—李宜芝

總 編 輯—梁芳春
董 事 長—趙政岷
出 版 者—時報文化出版企業股份有限公司
　　　　　108019 臺北市和平西路3段240號3樓
　　　　　發行專線／（02）2306-6842
　　　　　讀者服務專線／0800-231-705、（02）2304-7103
　　　　　讀者服務傳真／（02）2304-6858
　　　　　郵撥／19344724時報文化出版公司
　　　　　信箱／10899臺北華江橋郵局第99信箱
時報悅讀網—http://www.readingtimes.com.tw
法律顧問—理律法律事務所 陳長文律師、李念祖律師
印　　刷—勁達印刷有限公司
初版一刷—2024年11月8日
定　　價—新臺幣520元
（缺頁或破損的書，請寄回更換）

時報文化出版公司成立於一九七五年，
並於一九九九年股票上櫃公開發行，於二〇〇八年脫離中時集團非屬旺中，
以「尊重智慧與創意的文化事業」為信念。

2025蛇年開財運賺大錢/陶文著. -- 初版. -- 臺北市：時報文化出版企業
股份有限公司, 2024.11 面；公分

ISBN 978-626-396-823-3(平裝)

1.CST: 生肖 2.CST: 改運法

293.1　　　　　　　　　　　　　　　　　　　　113013995

ISBN 978-626-396-823-3
Printed in Taiwan